차라투스트라,
그에게 삶의 의미를 묻다

차라투스트라, 그에게 삶의 의미를 묻다

초판 1쇄 발행   2020년 11월 25일
초판 3쇄 발행   2023년 11월 27일
−

지은이   박찬국
펴낸이   이방원

책임편집   배근호   **책임디자인**   박혜옥
마케팅   최성수 · 김 준   **경영지원**   이병은
−

펴낸곳   세창출판사
　　신고번호 제1990−000013호   **주소** 03736 서울특별시 서대문구 경기대로 58 경기빌딩 602호
　　전화 02−723−8660   **팩스** 02−720−4579   **이메일** edit@sechangpub.co.kr   **홈페이지** http://www.sechangpub.co.kr
　　블로그 blog.naver.com/scpc1992   **페이스북** fb.me/Sechangofficial   **인스타그램** @sechang_official
−

ISBN   978−89−8411−980−2   03160

박찬국 지음

차라투스트라, 그에게 삶의 의미를 묻다

니체의 『차라투스트라는 이렇게 말했다』에 대한
서울대 박찬국 교수의 명강의

세창출판사

들어가며

이 책은 필자가 원래 K-MOOC에서 행한 강의 〈니체 읽기 −인문고전 『차라투스트라는 이렇게 말했다』〉를 위한 원고로 집필되었습니다. 『차라투스트라는 이렇게 말했다』는 서양철학의 고전 중에서 가장 유명한 책이고 국내에서도 가장 많은 사람이 관심을 갖고 있는 철학서일 것입니다. 이는 국내에서 발간된 『차라투스트라는 이렇게 말했다』 번역본이 지금까지 30여 권에 달한다는 사실에서도 드러납니다.

그러나 『차라투스트라는 이렇게 말했다』는 서양철학의 고전 중에서 아마도 가장 어려운 책일 것입니다. 이 책은 온갖 비유와 상징, 패러디 등으로 가득 차 있기 때문에 사실 니체를 오랫동안 전문적으로 연구해 온 사람도 이해하기 쉽지 않습니다. 따라서 수많은 사람이 이 책을 소장하고 있겠지만 정작 이 책을 끝까지 읽은 사람은 극소수일 것입니다. 끝까지 읽었더라도 제대로 이해한 사람은 훨씬 더 적을 것입니다.

이런 사정 때문에 일찍부터 『차라투스트라는 이렇게 말했다』에 대한 해설서를 쓰고 싶었습니다. 이 해설서가 여러분이 『차라투스트라는 이렇게 말했다』를 이해하는 데 도움이 되길 충심으로 바랍니다.

끝으로, 어려운 시기에 항상 혼연히 원고를 받아 주시는 이방원 대표님과 김명희 이사님, 특히 저와 고민을 함께 나누면서 저의 원고를 아름다운 책으로 탄생시켜 준 송원빈 선생님과 박혜옥 선생님, 그리고 일러스트를 작업해 주신 백지은 작가님께 깊이 감사드립니다.

2020년 11월
박찬국 씀

목차

일러두기

인용문에서 [ ]안의 주는 필자가 독자들의 이해를 돕기 위해서 삽입한 것이다.

인용문에서 […]는 중략된 부분이다.

인용문은 다음 책을 원전으로 삼고, 아래 세 번역본을 참고하여 번역하였다.

· Friedrich Nietzsche, *Also sprach Zarathustra, Nietzsche Werke*. Kritische Gesamtausgabe VI 1, (Hg.) G. Colli & M. Montinari. (Walter de Gruyter, Berlin/New York 1976ff.)

· 『짜라투스트라는 이렇게 말했다』, 황문수 옮김(문예출판사, 1999).

· 『차라투스트라는 이렇게 말했다』, 정동호 옮김(책세상, 2000).

· 『짜라투스트라는 이렇게 말했다』, 사순옥(사지원) 옮김(홍신문화사, 2006).

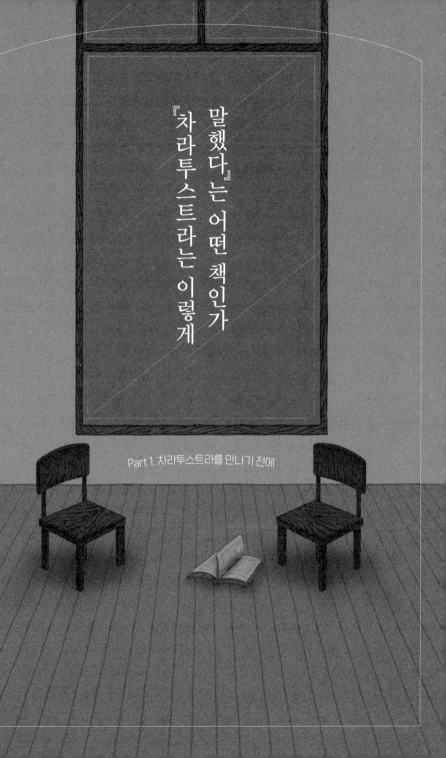

『차라투스트라는 이렇게 말했다』는 어떤 책인가

Part 1. 차라투스트라를 만나기 전에

" 만인을 위한 책,
　하지만 그 누구를 위한 것도 아닌 책 "

서양철학의 고전 중에서
가장 어려운 책

니체의 『차라투스트라는 이렇게 말했다』는 서양철학의 고전 중에서 사람들이 가장 많은 관심을 갖고 있는 책입니다. 따라서 평소에 철학에 관심이 있는 사람이라면 누구나 이 책을 자신의 서가에 가지고 있을 것입니다. 그러나 누가 서양철학의 고전 중에서 가장 어려운 책을 꼽아 보라고 한다면, 저는 단연코 『차라투스트라는 이렇게 말했다』를 꼽을 것입니다.

이 책을 읽으시는 독자들 중 많은 분이 『차라투스트라는 이렇게 말했다』를 읽기 위해서 책을 붙잡았지만, 몇 페이지 읽은 후 포기한 경험이 있을 것입니다. 저 역시 이 책을 처음 접한 것은 '사는 게 무슨 의미가 있느냐'는 인생고민에 치열하게 빠져 있었던 고등학교 시절이었습니다. '차라투스트라는 이렇게 말했다'라는 강렬한 제목에 이끌려 저는 이 책에서 제가 고민하던 문제의 해답을 찾을 수 있을 것이라는 기대에 부풀어 있었습니다. 그렇지만 채 열 페이지도 읽지 않아 참담한 좌절을 경험했습니다. 그 당시 저는 저의 아둔한 머리를 탓했습니다만, 지금 생각하면 제 머리 탓은 아니었습니다. 이 책은 원래 어려운 책이었던 것이지요.

『차라투스트라는 이렇게 말했다』는 처음부터 끝까지 상징과 비유, 풍자와 패러디 등으로 점철되어 있습니다. 이 점에서 『차라투스트라는 이렇게 말했다』는 산문이라기보다는 차라리 시에 가까운 책이라고 할 수 있습니다. 말하자면 일종의 철학적인 산문시입니다. 이 책은 철저하게 암시적인 글쓰기 기법을 구사하고 있기 때문에 우리는 이 책을 마치 암호나 수수께끼를 풀듯이 읽어야 합니다. 따라서 비전문가는 물론이고 니체를 평생 연구하는 사람들에게도 어려운 책입니다.

『차라투스트라는 이렇게 말했다』는 니체의 책 중에서 가장 유명한 책입니다. 니체가 죽은 지 14년 후에 일어난 1차 세계대전 중, 대다수 독일 청년들이 배낭에 가지고 갔을 정도로 이 책은 독일을 비롯해 세계 각국의 수많은 사람을 사로잡았습니다. 그러나 정작 이 책을 출간하려고 했을 때 니체는 출판사를 구하는 것조차도 어려웠습니다. 결국 자비로 40부만 출간하여 가까운 친지들과 친구들에게 보냈을 뿐이지요.

어쨌든 니체의 책 중에서 제일 유명하기 때문에 사람들은 흔히 니체의 사상을 이해하기 위해서 이 책을 맨 먼저 붙잡는 경우가 많습니다. 그러나 이 책을 이해하기 위해서는 니체 사상 전체를 먼저 이해하고 있어야만 합니다. 그렇지 않은 상태에서 읽을 경우에, 사람들은 니체는 난해하고 모호한 사상가라는 인상밖에 받지 못하게 될 것입니다.

그러나 니체는 그렇게 난해하지도 모호하지도 않은 사상가입니다. 니체는 『차라투스트라는 이렇게 말했다』 이외의 다른 책들, 예를 들어 『비극의 탄생』, 『선악의 저편』, 『도덕의 계보학』, 『우상의 황혼』, 『안티크리스트』 등에서는 자신의 사상을 상당히 명쾌하게 직설적으로 개진하고 있습니다.

이 책은 『차라투스트라는 이렇게 말했다』의 주요 내용을, 깊이를 잃지 않으면서도 누구나 이해하기 쉽게 해설하는 것을 목표로 하고 있습니다. 여러분들이 이 책을 읽고서 『차라투스트라는 이렇게 말했다』를 직접 읽을 수 있기를 기대합니다. 또한 여러분들이 이 책을 읽으면서 인간과 사회 그리고 세계에 대해서 진지하게 사색해 보는 기회를 갖기 바랍니다.

니체는 『차라투스트라는 이렇게 말했다』를 자신의 대표작으로 보았습니다. 그는 이 책이 전통적인 종교와 철학에 의해서 억압되었던 건강한 삶을 회복할 수 있는 비전을 제시하고 있다고 보았습니다. 이 점에서 그는 이 책을 '제5의 복음서' 내지 '미래의 성서'라고 불렀습니다. 니체는 이 책을 새로운 시대를 열게 될 유사 이래 가장 획기적인 책으로 보았습니다. 그는 어떤 출판업자에게 『차라투스트라는 이렇게 말했다』 한 권의 판권을 확보하는 것만으로도 백만장자가 될 수 있을 것이라고 말했다고 합니다.

『이 사람을 보라』라는 자전적인 책에서 니체는 이렇게 말하고 있습니다.

> "내 작품들 중 『차라투스트라는 이렇게 말했다』는 독보적인 책이다. 이 책으로 나는 인류에게 이제까지 주어진 그 어떤 선물보다도 큰 선물을 주었다. 앞으로 수천 년에 걸쳐 울릴 소리를 갖는 이 책은 이 세상에 존재하는 최고의 책이며 저 높은 산의 공기로 충만한 책이며, 인간이라는 사실 전체가 그것 아래 아득히 먼 곳에 놓여 있다. 이 책은 또한 더없이 심오하며, 진리의 가장 깊숙한 보고에서 탄생했으며 아무리 퍼내도 마르지 않는 샘이다. 그 샘에 두레박을 내리면 황금과 선의가 가득 담겨져 올라온다."

여기서 "인간이라는 사실 전체가 그것 아래 아득히 먼 곳에 놓여 있다"는 말은 좀처럼 이해하기 어려울 것이라고 생각됩니다. 『차라투스트라는 이렇게 말했다』에서 니체는 인간이 자신을 초극하여 초인이 될 것을 주창하고 있습니다. 따라서 "인간이라는 사실 전체가 그것 아래 아득히 먼 곳에 놓여 있다"는 말은, 이 책에서 설파하는 초인의 이상에 비하면 인간은 한참 아래에 존재한다는 것을 의미합니다.

『차라투스트라는 이렇게 말했다』에는 '만인을 위한 책이지만 그 누구를 위한 것도 아닌 책'이라는 부제가 붙어 있습니다. '만인을 위한 책'이란 '모든 사람이 읽고 도움을 받을 수 있는 책'이라는 것을 의미합니다. '그 누구를 위한 것도 아닌 책'이란 '이 책에서 표방하고 있는 고귀한 이상을 이해하고 실현할 수 있는 사람이 하나도 없을 수 있다'는 것을 시사합니다. 단적으로 말해서 니체는 이 책에서 설파하는 초인은 누구나 될 수 있지만 동시에 아무도 되지 못할 수도 있다고 말하는 것입니다.

『차라투스트라는 이렇게 말했다』는 4부로 이루어져 있습니다. 니체는 각 부를 쓰는 데 10일씩밖에 걸리지 않았다고 말합니다. 물론 니체의 이 말은 『차라투스트라는 이렇게 말했다』에서 설파하는 사상이 하루아침에 이루어졌다는 말은 아닙니다. 오히려 오랜 세월에 걸쳐서 숙성되어 온 사상이 『차라투스트라는 이렇게 말했다』에 와서 어느 순간 갑자기 강력한 표현을 얻었다고 할 수 있습니다. 니체는 흡사 신들린 듯 영감에 사로잡혀 글을 썼던 것 같습니다. 그는 『이 사람을 보라』에서 『차라투스트라는 이렇게 말했다』가 어떤 식으로 쓰였는지에 대해서 이렇게 말하고 있습니다.

"19세기 말의 어느 누가, '강한 시대의 시인들이 영감Inspiration 이라 불렀던 것'에 대한 명확한 개념을 가지고 있는가? 그렇지 않다면, 내가 그것을 묘사하겠다. 자신 안에 미신의 잔재를 조금이라도 가지고 있는 사람이라면 자신이 압도적인 힘들의 단순한 화신이자 단순한 입 그리고 매개체라고 보지 않을 수 없을 것이다. 이루 말할 수 없는 확실성과 미묘함으로 갑자기 무엇인가가, 곧 누군가를 가장 깊은 곳에서 뒤흔들고 뒤집어엎는 무엇인가가 보이고 들리게 된다는 의미에서의 계시라는 개념은 [상상적인 상태가 아니라] 실제 상태를 기술하고 있을 따름이다. 사람들은 들을 뿐, 찾는 것이 아니다. 사람들은 받을 뿐, 누가 주는지를 묻지 않는다. 하나의 사상이 흡사 번갯불처럼 번쩍인다. 아무런 망설임도 없이 필연적으로. 나에게는 선택의 여지가 없었다. 하나의 황홀경, 곧 때로는 거대한 긴장이 풀려서 눈물의 강을 이루고, 나도 모르게 발걸음이 때로는 빨라지고, 때로는 느려지기도 하는 그러한 황홀경. 발가락에까지 이르는 무수한 섬세한 전율과 흘러넘침을 아주 뚜렷하게 의식하는 완전한 무아경. […] 모든 것이 최고도로 비자발적으로 일어나지만, 자유의 느낌, 무조건적인 존재, 힘 그리고 신성의 폭풍 속에서처럼 일어난다. 상징의 비의도성, 비유의 비의도성이야말로 가장 놀라운 일이다. 사람들은 상징이 무

『차라투스트라는 이렇게 말했다』는 어떤 책인가

엇인지, 비유가 무엇인지를 더 이상 알지 못한다. (여기서 모든 사물은 그대의 말Rede에 달래듯이 다가와 그대에게 아첨한다. 왜냐하면 그것들은 그대의 등에 타고 싶어 하기 때문이다. 그대는 비유의 등을 타고 진리를 향해 달린다. 여기서 모든 존재의 말과 말의 상자가 그대에게 활짝 열린다. 여기에서 모든 존재는 말이 되기를 원한다. 모든 생성은 그대에게서 말하는 법을 배우고 싶어 한다.) 이것이 영감에 관한 **나의** 경험이다. '내 경험도 역시 그러하오'라고 말할 수 있는 사람을 발견하려면 수천 년을 거슬러 올라가야 한다는 것은 의심할 여지가 없다."

니체는 『차라투스트라를 이렇게 말했다』를 쓸 때 자신이 어떤 압도적인 힘들의 화신이자 매개체가 되었다고 말합니다. 니체는 그러한 압도적인 힘들에 내몰려 쓸 수밖에 없었습니다. 그러나 이 힘들은 니체를 억압하는 외적인 힘들이 아닙니다. 오히려 니체를 고양시키는 힘들입니다. 그것들은 니체 내부에 속하면서도 외부 세계에 속하는 힘들이기도 합니다. 아니 그것들은 니체와 세계를 포괄하는 존재의 가장 깊은 곳에서 우러나오는 힘들입니다. 따라서 이 힘들에 내몰려 글을 쓰면서, 니체는 억압을 느낀 것이 아니라 오히려 자신이 해방되는 최고의 자유를 느꼈습니다. 이러한 최고의 자유에서 니체는 자신이 참된 자기로 고양되면서도 세계와 하나가 되는 황홀경을 맛보았습니다.

니체는 『차라투스트라는 이렇게 말했다』에서 사용되고 있는 상징이나 비유가 자신이 임의로 만들어 낸 것이 아니라고 말하고 있습니다. 이러한 상징이나 비유는 모든 사물 자체가 스스로를 표현한 결과라는 것입니다. 이 점에서 니체는 『차라투스트라는 이렇게 말했다』의 모든 것은 비자발적으로 쓰였다고 말하고 있습니다. 사람들은 흔히 어떤 상황에서 '이걸 할까 저걸 할까'를 고민하면서 선택하는 것을 자유라고 생각합니다. 그러나 이런 자유는 우리를 선택의 부담으로 힘들게 합니다. 누구든 뭘 선택할지 한참 고민하다가 차라리 선택지가 하나만 있다면 좋겠다는 생각을 해 본 적이 있을 것입니다. 니체는 『차라투스트라는 이렇게 말했다』를 쓸 때 선택의 자유가 없었다고 말합니다. 모든 상징과 비유가 아무런 선택의 여지도 없이 자신에게 다가왔다는 것입니다.

이렇게 영감에 의해 쓰였기에 『차라투스트라는 이렇게 말했다』는 우리가 다른 책들에서는 느끼기 어려운 강력한 힘을 갖습니다. 니체는 『이 사람을 보라』에서 『차라투스트라는 이렇게 말했다』를 한 곡의 음악에도 비유하고 있습니다. 진정한 음악이야말로 영감 속에서 작곡된 것이라고 할 수 있습니다. 하나의 멜로디가 작곡가를 사로잡으면 그는 그 멜로디의 힘에 이끌려 처음부터 끝까지 필연성의 고리에 의해서 연결된 하나의 작품을 만들게 됩니다. 그러나 진정한 음악가는 이 과정에서 최고의 자유를 누립니다. 자신에게 존재하는 모든 잠재력이 최고도로 발휘되었다고 느끼고 또한 자신의 음악 속에서 세계가 그것의 진정한 내면을 드러냈다고 느낍니다. 여기서도 필연성과 자유는 하나로 결합되어 있습니다.

니체는 우리가 『차라투스트라는 이렇게 말했다』를 한 곡의 음악을 듣듯이 읽을 것을 요구합니다. 『차라투스트라는 이렇게 말했다』를 지배하는 영감에 사로잡히고, 그 영감의 힘에 실려서 자신을 드높은 곳으로 고양시키도록 요구하는 것입니다.

차라투스트라는
누구인가

　　　　　　　　　　『차라투스트라는 이렇게 말했다』의 주
인공인 차라투스트라는 역사적으로 실재했던 인물입니다. 그는
조로아스터교의 창시자였습니다. 조로아스터교는 기원전 6세기
무렵에 페르시아에서 창시된 종교입니다. 이 종교의 창시자인
'조로아스터Zoroaster'를 유럽에서는 '차라투스트라Zarathustra'라고 부
릅니다. 그렇다면 니체는 왜 그를 자신의 사상을 대변하는 분신
으로 택했을까요?

　　니체는 『이 사람을 보라』에서 차라투스트라에 대해서 이렇
게 말하고 있습니다.

"차라투스트라는 가장 불행한 오류인 도덕을 창조했다. 따라서 그는 이러한 오류를 인식하는 점에서도 최초의 인물임에 틀림없다. 그는 이 도덕의 문제에 대해 어떤 사상가보다 더 오래 그리고 더 많이 경험을 쌓았다. […] 보다 중요한 것은 차라투스트라는 다른 어떤 사상가보다도 진실하다는 것이다. […] 차라투스트라는 모든 사상가의 용기를 다 모아 놓은 것보다도 더 많은 용기를 지니고 있다. 진리를 말하고, 화살을 잘 쏜다는 것, 그것이 페르시아의 덕이다. 내가 말하는 것을 아는가? … 진실성에서 비롯되는 도덕의 자기초극, 도덕주의자가 자신과 정반대되는 것으로 — 곧 나에게로 — 자신을 초극하는 것, 이것이 내 입에서 나온 차라투스트라라는 이름이 의미하는 것이다."

니체의 사상에 대해서 연구한 사람이 아니라면 니체가 여기서 말하는 내용을 이해하기는 쉽지 않습니다. 니체는 왜 여기서 도덕을 가장 불행한 오류라고 말할까요? 도덕이 오류라는 니체의 말은 우리가 도덕을 무시하고 제멋대로 살아도 좋다는 말일까요? 실로 니체는 "모든 것이 허용된다"고 말한 적이 있습니다. 그런데 과연 니체는 우리가 아무렇게나 살아도 좋다고 말하는 것일까요. 니체를 그렇게 오해하는 사람들도 있습니다.

그러나 니체가 여기서 염두에 두고 있는 도덕은 특정한 종류의 도덕입니다. 그것은 서양의 역사를 규정한 이원론적인 세계관에 입각해 있는 도덕입니다. 니체는 서양의 역사와 서양인들의 정신은 플라톤 이래의 전통철학과 기독교에 의해서 규정되어 있다고 보았습니다. 이러한 철학과 종교는 세계를 피안彼岸과 차안此岸, 혹은 천상의 세계와 지상의 세계로 나누었습니다. 피안에서는 모든 것이 영원불변의 지복(더없는 행복)으로 넘치는 반면에, 차안에서는 모든 것이 생성 소멸하며 예측할 수 없는 운명과 불행에 내맡겨져 있습니다.

이러한 이원론은 인간도 두 부분으로 구성되어 있다고 봅니다. 하나는 피안에서 영원한 행복을 누릴 수 있는 선하고 순수한 영혼이고, 다른 하나는 이기적이고 불순한 욕망으로 가득 찬 육체입니다. 육체와 그것에 부속되어 있는 이기적이고 불순한 욕망들을 근절함으로써 인간은 피안에서 영원한 지복을 누릴 수 있습니다. 이원론은 성욕이나 소유욕, 명예욕, 승부욕 등을 인간이 근절해야 할 욕망들로 간주합니다.

이에 반해 니체는 이러한 욕망들이 자연스러운 것들이고 우리 삶의 토대가 되는 것이기 때문에 근절될 수 없다고 봅니다. 그러므로 우리가 이러한 욕망들을 악한 것으로 단죄할 경우에는, 욕망에서 벗어날 수 없는 자기 자신도 죄인으로 단죄할 수밖에 없고, 끊임없이 죄책감에 사로잡혀 자신을 학대할 수밖에 없습니다. 자연스러운 욕망들을 이렇게 금하고 근절하려 한다는 의미에서 니체는 이원론에 입각한 도덕을 금욕주의적 도덕이라고 부르고 있습니다. 니체가 오류로 규정하고 있는 도덕은 이러한 금욕주의적 도덕을 가리킵니다.

니체는 이원론과 금욕주의적인 도덕이 2,000여 년에 걸쳐서 유럽인들을 병약하게 만들어 왔다고 봅니다. 이원론은 사람들을 피안에 존재하는 신처럼 허구적인 존재에게 의존하는 연약한 존재로 만듭니다. 다른 한편으로 이원론은 사람들로 하여금 스스로를 욕망을 근절하지 못하는 악한 존재로 단죄하면서 끊임없이 죄책감에 시달리게 합니다. 이 점에서 이원론은 사람들을 병적으로 만듭니다.

조로아스터는 이원론과 그에 입각한 금욕주의적 도덕을 주창했습니다. 그는 이 세계에서는 선한 신과 악한 신이 투쟁하고 있으며 결국 선한 신이 악한 신과의 싸움에서 승리한다고 주장했습니다. 이 경우 인간의 과제는 선한 신이 승리하도록 선한 신을 돕는 데 있습니다. 여기서 악한 신은 인간이 가지고 있는 성욕이나 소유욕 그리고 정복욕 등을 상징합니다. 이원론적인 기독교처럼 차라투스트라도 이러한 욕망들을 악으로 간주하면서 금욕을 설파했습니다.

니체는 기독교나 조로아스터교가 악으로 단죄하는 인간의 소유욕, 명예욕, 정복욕과 같은 욕망들을 자연스러운 것으로 보았을 뿐 아니라 긍정적인 것으로 보았습니다. 니체는 이러한 욕망들 덕분에 문화의 창조적 발전도 가능하다고 보았습니다. 미켈란젤로 같은 사람을 예로 들어 보자면, 당대의 최고의 예술가가 되겠다는 욕망과 야심이 있었기 때문에 위대한 작품을 남길 수 있었습니다.

이런 맥락에서 니체는 남들보다 훨씬 강렬한 명예욕과 정복욕의 소유자였던 카이사르나 나폴레옹과 같은 인물들도 높이 평가합니다. 그들은 그러한 욕망들에 추동됨으로써 특출한 용기와 지혜 그리고 카리스마를 개발할 수 있었다고 보는 것입니다. 물론 니체가 모든 종류의 정복욕을 긍정하는 것은 아닙니다. 니체는 진정한 강자란 투쟁을 하더라도 최소한 자신과 대등한 자나 이왕이면 자신보다 우월한 자를 상대로 하며, 패자에게 관용을 베풀 줄 알고 약한 자에게는 겸손한 자라고 봅니다.

또한 니체는 이성에게 인정받으려는 성적인 욕망이 훌륭한 예술작품을 낳는 원천이 될 수 있다고 보았습니다. 니체는 많은 훌륭한 예술가들의 작품이 이성의 호감을 사려는 의도에서 창작되었다는 사실을 지적합니다. 이런 의미에서 니체는 전통적인 이원론에서 악으로 간주되었던 것이 오히려 선의 원천이 될 수 있다고 보면서, 이원론적인 선악 프레임을 넘어설 것을 요구하고 있습니다.

니체는 이것이 정직하고 진실하게 사고하는 사람이라면 인정하지 않을 수 없는 사실이라고 봅니다. 니체는 조로아스터야 말로 참으로 정직하고 진실한 사람이었다고 봅니다. 실로 조로아스터는 처음에는 선과 악을 대립적인 것으로 보는 이원론의 입장에 섰습니다. 그러나 정직과 진실함을 최고의 덕으로 내세웠던 조로아스터는 나중에는 정직하고 진실한 반성을 통해서 피안이나 천상의 세계 그리고 육체에서 벗어난 순수 영혼이라는 것들이 한갓 허구에 지나지 않는다는 사실을 깨닫게 됩니다. 또한 그는 이러한 허구에 입각한 이원론이 인간을 병약하게 만든다는 사실을 깨닫게 되면서 선악을 넘어서는 입장을 취하게 되었습니다. 이런 의미에서 니체는 차라투스트라를 자신의 분신으로 삼았습니다. 물론 조로아스터가 나중에 이원론을 넘어섰다는 것은 니체의 상상입니다.

니체는 『차라투스트라는 이렇게 말했다』가 이원론적인 세계관에 바탕을 둔 전통철학과 종교를 극복하면서, 인간의 자연스러운 욕망을 생산적인 방향으로 승화하는 건강한 인간을 낳을 '미래의 성서'라고 보았습니다.

니체의 생애, 자신의 운명을 사랑한 삶

" 니체는 자신의 불행과 고통을
오히려 자신을 성숙시키고 강화시킬 수 있는
기회로 삼았습니다 "

꼬마 목사에서
적그리스도로

　　　　　니체는 1844년 독일의 뢰켄에서 독실한 기독교 집안의 자제로 태어났습니다. 그의 아버지는 목사였고 어머니도 목사의 딸이었습니다. 니체의 부모는 그가 자라서 목사가 되기를 기대했고, 소년 니체 역시 기독교에 대한 신앙심이 대단했던 것 같습니다. 초등학교 시절 니체는 친구들과 이야기할 때, 성경구절이나 찬송가를 인용하면서 친구들이 눈물을 흘릴 정도로 감동을 주곤 했다고 합니다. 이런 니체에게 친구들은 '꼬마 목사'라는 별명을 붙여 주었습니다.

　　나중에 자세히 보겠지만 니체는 우리 인간의 정신이 낙타의 정신과 사자의 정신 그리고 아이의 정신이라는 세 가지 단계를 거친다고 보았습니다. 낙타의 정신은 전통적인 권위와 가치에 순종하는 정신이며, 사자의 정신은 그것에 반항하는 정신입니다. 아이의 정신은 그 어떠한 전통적 권위와 가치에도 매이지 않고 인생을 유희하듯이 명랑하게 살아가는 정신입니다.

니체 역시 어린 시절에는 낙타의 정신으로 살았습니다. 니체도 부모와 사회의 권위를 인정하면서 부모와 사회가 주입한 기독교의 가르침을 당연히 자신이 믿어야 할 것으로 받아들였습니다. 이런 니체가 훗날 자신을 기독교의 적으로 공언하면서 기독교를 공격하는 최선봉에 서게 되었다는 것은 참으로 아이러니한 일이라고 할 수 있습니다.

니체가 마지막으로 출간한 저서의 제목은 『안티크리스트』였습니다. 문자 그대로 번역하면 『적敵그리스도』라는 제목이 됩니다. 말년의 니체는 자신을 적그리스도로 자처한 셈이지요. 꼬마 목사로 인생을 시작했던 니체는 적그리스도로 인생을 마감하는 것입니다.

오늘날 우리는 종교가 더 이상 지배적인 힘을 갖지 못하는 세속화된 시대에 살고 있습니다. 따라서 우리는 기독교를 부정한다는 것을 대단한 일로 보지 않습니다. 그러나 니체가 살았던 19세기만 해도 기독교는 유럽에서 여전히 큰 영향력을 가지고 있었습니다. 따라서 당시에 기독교를 부정한다는 것은 쉬운 일이 아니었습니다. 유럽을 여행해 본 사람은 도처에 서 있는 웅장한 성당들과 교회들을 보면서 기독교가 유럽 문명에서 사람들의 삶을 얼마나 강하게 지배했었는지를 실감할 수 있었을 것입니다.

니체의 아버지는 서른다섯이라는 젊은 나이에 세상을 떠났습니다. 그 당시 니체는 다섯 살이었습니다. 어린 나이에 아버지를 떠나보낸 니체는 아버지의 부재를 아쉬워했습니다. 아버지의 존재에 대한 이러한 갈망으로 인해 니체가 강인하고 남성적인 인간상을 이상적인 인간으로 보게 되었을 것이라는 견해도 있습니다.

조숙했던 니체는 일찍부터 시와 음악 그리고 철학에 뛰어난 재능을 보였습니다. 초등학교 시절의 니체는 진지하고 엄숙한 소년이었고 과묵했습니다. 다른 아이들이 숨바꼭질이나 전쟁 놀이를 할 때, 니체는 시를 짓고 피아노를 치면서 음악의 세계에 빠져 있었습니다. 니체는 다섯 살밖에 되지 않은 나이에 시도 쓰고 작곡도 했다고 합니다.

니체는 열네 살이 되던 해에 슐포르타 김나지움에 입학했습니다. 독일의 김나지움은 우리나라의 중·고등학교에 해당합니다. 독일에서는 중학교 과정과 고등학교 과정이 나뉘어 있지 않지요. 당시의 슐포르타는 우수한 학생들만이 입학할 수 있었던 명문학교였습니다. 니체는 슐포르타에 들어가서도 열심히 공부했지만 그렇다고 해서 샌님처럼 학교 공부에만 충실했던 것은 아닙니다. 그는 광범위한 지식과 교양에 대한 열정에 사로잡혀서 수많은 책을 읽었습니다.

김나지움에 들어간 지 얼마 되지 않아 기독교 신앙을 버린 니체는 자신이 기독교를 부정할 수밖에 없는 이유가 오히려 '정직과 성실'이라는 기독교적 가치에 충실하기 위해서라고 말합니다. 니체는 이렇게 말합니다.

"정직과 성실이라는 기독교적 가치에 따라서 기독교를
판단할 때 우리는 기독교를 의심하고 부정할 수밖에 없다."

기독교는 신이 우리의 모든 것을 이미 꿰뚫어 보고 있으
니 신 앞에서 정직해야 한다고 가르칩니다. 서양인들이 가장 높
이 평가하는 가치 또한 '정직'입니다. 이는 아마도 서양 문명이
2,000여 년에 걸쳐서 기독교의 영향을 받았기 때문일 것입니다.
니체는 우리가 진실에 충실하다면 기독교가 말하는 인격신을 허
구라고 볼 수밖에 없다고 생각합니다.

니체의 말 중에서 제일 유명한 말은 "신은 죽었다"는 말입니
다. 이 말은 무엇을 의미할까요? 신은 불사의 존재이기 때문에
신입니다. 이런 의미에서 신이 죽었다는 말은 극히 역설적인 표
현입니다. 따라서 우리는 그 말을 '신은 원래 살아 있었는데 신이
죽었다'는 의미로 받아들여서는 안 됩니다.

서양 중세의 사람들은 세상에서 일어나는 모든 현상을 신을
끌어들여 설명했습니다. 예를 들면 전염병이나 벼락, 홍수, 지

진 같은 재해를 인간의 죄에 대해 신이 내린 벌로 해석하곤 했지요. 그런데 근대로 넘어오면서 사람들은 자연재해가 자연과학에 의해서 훨씬 더 잘 설명될 수 있고, 자연과학에 입각한 의학이나 기술에 의해서 훨씬 더 잘 극복될 수 있다는 사실을 깨닫게 되었습니다. 여기에 다다르자 사람들은 더 이상 기독교의 인격신을 믿지 않게 되고 신은 사람들의 삶에서 더 이상의 의미도 영향력도 갖지 못하게 됩니다. 이러한 사태를 니체는 "신은 죽었다"는 말로 가리키고 있습니다.

따라서 "신이 죽었다"는 말은 문자 그대로의 의미에서 '신이 죽었다'는 것을 의미하지 않으며 또한 '신은 존재하지 않는다'는 것을 의미하지도 않습니다. 그것은 사람들이 근대에 들어와 더 이상 신을 믿지 않고 신에게 의지하지 않게 되었다는 사태를 가리킵니다. 이런 의미에서 니체의 선언은 일종의 시대진단이라고 할 수 있습니다.

니체는 자신뿐 아니라 대다수의 서양인들이 기독교의 신을 믿지 않게 된 것을 인간의 정신이 성숙하게 되면서 일어난 사건으로 보았습니다. 인간이 더 이상 허구적인 신에 의지 않고 스스로의 힘으로 자신의 삶을 개척하게 되었다는 것이지요. 이런 맥락에서 니체는 "신은 죽었다"고 말하는 것을 넘어서 심지어 "우리는 신을 살해해야 한다"라고 말하기까지 합니다. 설령 신이 존재한다고 하더라도 우리가 스스로 서기 위해서는 신을 살해해야 한다는 것이지요. 따라서 "신은 죽었다"는 말은 시대진단을 넘어서 '인간은 신을 부정하면서 독자적인 힘으로 자신의 삶을 영위해야 한다'는 반反신론적인 주장, 곧 신에 대해서 반기를 들라는 주장이기도 합니다.

니체는 '신이 죽었다'는 사태를 위기이자 기회로 보았습니다. 그것은 자칫 우리를 니힐리즘Nihilism, 곧 허무주의의 나락으로 떨어뜨릴 수 있습니다. 신과 신을 중심으로 한 모든 신성한 가치가 붕괴될 때, 우리는 삶의 의미와 목표를 상실하게 됩니다. 이러한 상황에서 우리는 세계의 모든 것이 아무런 의미도 목표도 없이 덧없이 생성 소멸할 뿐이라는 허무주의에 빠지기 쉽습니다. 이 점에서 '신의 죽음'은 우리에게 위기입니다. 그러나 니체는 이러한 위기를 기회로 전환할 수 있다고 봅니다. 니체는 신의 죽음과 함께 그동안 세계의 실상을 가렸던 허구가 사라졌다고 봅니다. 이제 우리는 세계의 실상 앞에 직면하게 됩니다. 니체는 세계의 실상에 대한 냉철한 통찰에 입각하여 우리가 삶의 진정한 의미와 방향을 모색할 수 있다고 봅니다.

대학생 니체,
쇼펜하우어를 만나다

　　　　　　니체는 대학에서 고전문헌학을
전공했습니다. 당시의 유럽에서 고전문헌학은 주로 그리스와 로
마의 고전을 연구하는 학문이었습니다. 니체의 어머니는 아들이
목사가 되기를 간절히 바랐습니다. 대학에 입학한 후 니체는 어
머니의 소원을 받아들여 원래는 신학도 함께 공부할 생각이었습
니다. 그러나 기독교에 대한 신앙을 이미 잃어버린 니체는 한 학
기 만에 신학 공부는 중단하고, 고전문헌학 공부에만 전념하였
습니다.

　　어느 날 니체는 서점에서 우연히 쇼펜하우어의 대표작인

『의지와 표상으로서의 세계』를 접하게 되었습니다. 니체는 일주일 동안 거의 밤을 새우다시피 읽을 정도로 이 책에 심취했습니다. 쇼펜하우어는 대표적인 염세주의 철학자입니다. 염세주의라는 말에서 '염'은 '싫어할 염厭'이고 '세'는 '세상 세世'입니다. 이렇듯 염세주의는 이 세상이 온통 고통으로 차 있다고 보면서 세상에 대해서 염증을 느끼고 세상을 혐오하는 사상입니다. 쇼펜하우어의 책을 읽으면서 염세주의에 빠진 니체는 인생에서 가치 있는 것은 하나도 없으며, 인간은 단지 태어나서 노동하다가 나이 들어 죽을 뿐이라고 여겼습니다. 쇼펜하우어는 인생의 본질을 다음과 같은 한 마디 말로 정의했습니다.

"인생은 고통과 권태 사이에서 오락가락하는 시계추와 같다."

아이들의 모습을 가만히 살펴보면 이 말이 바로 이해가 될 것입니다. 아이가 갖고 싶은 장난감이 있는데 부모님이 안 사 주

니체의 생애, 자신의 운명을 사랑한 삶

시면 아이는 애가 닳습니다. 그 물건을 갖고 싶은 욕망에 시달리는 거지요. 욕망을 이기지 못하고 부모님을 계속 졸라 대면 부모님이 마지못해 장난감을 사 줍니다. 아이는 처음에는 그것을 손에서 놓지 않을 정도로 행복해합니다. 그런데 이 행복감은 오래가지 않습니다. 아이는 금세 심드렁해지고 권태에 사로잡힙니다. 마침 그때 아이는 다른 아이들이 더 좋은 장난감을 가지고 있는 것을 보게 됩니다. 그러면 이번에는 그것을 갖고 싶은 욕망에 새롭게 시달리게 되겠지요. 그러다가 얼마 안 있어서 다시 권태에 사로잡힙니다.

욕망과 권태 사이에서 오락가락하기는 어른도 마찬가지입니다. 어른들의 경우는 욕망의 대상이 장난감 대신 이성이나 아파트, 승진 등으로 바뀔 뿐이지요. 좋아하는 사람의 사랑을 얻지 못해 괴로워했으면서도, 정작 그 사람과 결혼하면 얼마 안 가 권태에 사로잡힙니다.

이렇듯 어린이든 어른이든 삶의 구조는 근본적으로 동일합니다. 모든 인간이 욕망과 권태 사이에서 오락가락하다가 죽어갑니다. 이렇게 보면 인간이 정신적으로 성숙하기란 참으로 어려운 것 같습니다. 어른도 결국은 어릴 적의 정신 성향을 그대로 유지한 채로 살다가 죽는 것입니다. 다만 성인이 되면서 부모에게 의지하지 않고 자신이 원하는 대상을 스스로의 힘으로 얻을 수 있는 능력이 늘어날 뿐입니다.

쇼펜하우어는 인간을 이성적인 존재로 보는 전통철학에 반기를 들었습니다. 서양의 전통철학은 인간이 이성을 통해서 자신의 감정과 욕망을 통제하는 존재라고 보았지요. 이에 반해 쇼펜하우어는 인간을 오히려 생존과 종족보존 그리고 안락에 대한 욕망에 사로잡혀 있는 욕망의 존재로 보았습니다. 그리고 인간의 이성이란 이러한 욕망을 충족시키기 위한 수단과 방법을 강구하는 기능에 지나지 않는다고 보았습니다. 예를 들어 우리가 재물에 대한 욕망에 사로잡힐 때 이성은 재물을 획득할 수 있는 방법을 고안해 내는 역할을 합니다. 이 점에서 쇼펜하우어는 이성을 욕망의 하인으로 봅니다.

쇼펜하우어는 이 세계를 지배하는 것도 이성적이고 선한 신이 아니라 맹목적인 세계의지라고 봅니다. 또한 쇼펜하우어는 인간뿐 아니라 동식물, 심지어 무기물까지도 맹목적인 생존욕망에 의해서 규정되어 있는 것으로 보았습니다. 쇼펜하우어는 기독교가 말하는 인격신과 같은 것을 끌어들이지 않고 인생과 세계의 모든 현상을 우리가 내면에서 경험할 수 있는 욕망을 통해 설명하려고 합니다.

쇼펜하우어의 이러한 인간관과 세계관은 니체에게 큰 영향을 주었습니다. 니체 역시 기독교의 인격신을 허구로 보면서 인생과 세계의 모든 현상을 욕망을 통해 설명하려고 합니다. 또한 니체도 인간의 이성을 욕망이 자신을 실현하기 위해서 이용하는 도구와 같은 것으로 봅니다. 다만 니체는 쇼펜하우어와는 달리 인간을 규정하는 근본적인 욕망을 생존욕망이 아니라, 자신의 힘을 강화하면서 그 강한 힘을 느끼고 즐기고 싶어 하는 욕망으로 파악하고 있습니다. 이러한 욕망을 니체는 힘에의 의지라고 부릅니다.

쇼펜하우어는 맹목적인 욕망과 의지야말로 우리가 삶에서

느끼는 고통의 원천이라고 보았습니다. 따라서 쇼펜하우어는 욕망을 부정하고 근절하는 데에 궁극적인 구원이 있다고 보았습니다. 이에 반해 니체는 인간의 욕망을 긍정합니다. 니체는 성욕이나 명예욕이나 승부욕과 같은 욕망을 부정하고 근절할 것이 아니라 생산적으로 승화해야 한다고 봅니다.

이러한 차이에도 불구하고 니체는 쇼펜하우어를 특히 높게 평가합니다. 무엇보다도 니체는 세계를 선하고 자비로운 인격신이나 이성적인 질서가 지배하고 있다고 보는 기독교나 합리주의를 배격하고 맹목적인 욕망과 의지가 세계를 지배한다고 본 쇼펜하우어의 솔직함과 담대함에 매료되었습니다.

니체는 대학에서 학업을 계속하던 중 1869년에 지도교수이자 당시 유럽 최고의 고전문헌학자였던 리츨 교수의 추천으로 스위스 바젤대학의 교수가 되었습니다. 그 당시 그의 나이 불과 25세였으며 아직 박사학위도 취득하지 않은 상태였습니다. 이러한 사실에서 우리는 리츨이 니체를 얼마나 높이 평가했고 그에게 얼마나 큰 기대를 걸었는지를 알 수 있습니다. 더구나 스위스의 바젤대학은 몇 백 년의 전통을 자랑하는 명문 대학이었습니다. 리츨은 추천서에서 니체를 이렇게 평하고 있습니다.

"나는 젊은 나이임에도 이렇게 성숙한 청년을 본 적이 없다. 니체는 천재다. 그는 자신이 하고자 하는 일은 무엇이든 능히 성취할 수 있을 것이다."

종합병원 니체,
사는 것 자체가 끔찍한 고통이다

니체는 교수가 된 다음 해에 첫 작품 『비극의 탄생』을 썼습니다. 니체 나이 불과 26세에 쓰인 이 책은 서양철학사의 고전이 되어 많은 철학자와 예술가에게 영감을 주고 있습니다. 니체는 이 책에서 단순히 그리스 비극이 탄생하게 된 역사적 배경을 문헌학적으로 탐구하는 것을 넘어서 인간과 세계 그리고 음악의 본질을 규명하려고 했습니다. 다시 말해 니체는 고전문헌학을 넘어서 철학을 하려고 했던 것입니다.

이런 이유로 니체의 스승인 리츨마저도 이 책을 '현란하고 무절제한 책'이라 혹평하게 됩니다. 리츨은 순수문헌학을 고집하면서 고전문헌학이 철학과 뒤섞이는 것을 경계했던 것이지요. 그러나 이러한 경향은 리츨만의 고집이 아니라 당시의 고전문헌학을 지배하던 일반적인 경향이었습니다. 이에 따라 니체는 독일 고전문헌학계로부터 고전문헌학을 포기한 사람으로 배척당하게 되고, 학생들마저도 그의 강의를 수강하는 것을 기피하게 됩니다.

대학 시절, 니체는 쇼펜하우어의 사상뿐 아니라 바그너의 음악에 깊이 매료되었습니다. 니체는 쇼펜하우어와 바그너를 접하기 이전에 고대 그리스의 고전에 대한 깊은 연구를 통해서 그리스 문화에 심취해 있었습니다. 그는 당시의 독일을 지배하고 있던 천박한 물질주의와 이기주의가 그리스인들의 비극적인 영웅정신에 의해서만 쇄신될 수 있다고 생각했습니다. 비극적인 영웅정신이란 고난과 고통에도 불구하고 신이나 피안과 같은 허구에서 위로를 찾지 않고 자신의 삶을 긍정하는 정신입니다. 심지어는 자신의 강한 힘을 느끼고 즐기기 위해서 고난과 고통을 찾아 나서기까지 합니다.

니체는 『비극의 탄생』에서 고대 그리스의 비극적인 영웅정신을 당시 바그너의 음악이 구현하고 있다고 보았습니다. 바그너의 음악이 향락과 오락 그리고 안일을 탐닉하던 당시의 시대적 풍조를 일신시켜서 건강하고 기품 있는 생명력을 사람들 사이에 불러일으키리라고 믿었던 것이지요.

니체는 『비극의 탄생』에 이어서 『반시대적 고찰』을 출간합니다. 이 책에서 니체는 당시 사회의 퇴락한 문화적 풍토를 신랄하게 비판했습니다. 니체는 사람들의 삶을 고양시키는 데는 무관심한 채 역사나 문헌의 세부적인 사실들만을 파고드는 당시의 역사학이나 고전문헌학 그리고 사람들을 국가와 경제 메커니즘의 부품으로 전락시키는 당시의 교육제도를 통렬하게 비판했습니다.

니체의 이러한 비판을 보면 니체가 살았던 시절이 지금과 크게 변한 것이 없다는 생각이 듭니다. 아니 오히려 지금이 니체의 시대보다 훨씬 더 물질주의적이고 타산적으로 변했습니다.

사람들은 부를 얻기 위해서 기꺼이 국가와 경제 메커니즘의 유능한 부품이 되려고 열심히 노력하고 있습니다. 시중에서 가장 잘 팔리는 책은 돈을 버는 데 유용한 책이거나 재미있게 시간을 보낼 수 있게 해 주는 가벼운 책입니다. 이에 반해 우리의 정신을 살찌게 하고 깊이 있게 하는 책들은 외면당하고 있습니다. 니체의 철학이 지금 이 시대에도 여전히 의미를 갖고 우리를 사로잡는 이유는, 니체가 비판하고 극복하려고 했던 당시의 시대적 폐단이 우리 시대에서 훨씬 악화된 형태로 나타나고 있기 때문입니다.

『비극의 탄생』과 마찬가지로『반시대적 고찰』은 20대에 쓰인 책이지만, 20대의 젊은이가 썼다고 보기 어려울 정도의 깊은 통찰을 담고 있습니다. 특히『반시대적 고찰』에 실려 있는 첫 번째 에세이「역사학의 공功과 과過」는 당시의 역사학을 지배하고 있던 실증주의 역사학에 맞서서 역사학이 나아가야 할 방향을 모색한 글로서, 20세기 이후의 역사학과 역사철학에 큰 영향을 미쳤습니다.

『반시대적인 고찰』에 이어서 니체는 『인간적인, 너무나도 인간적인』이란 책을 출간합니다. 이 책에서 니체는 도덕이나 예술을 비롯한 모든 현상을 심리학적이고 생리학적으로 냉철하게 분석하고 해부하고 있습니다. 『비극의 탄생』에서 니체가 낭만주의적인 열정을 강조했다면, 『인간적인, 너무나 인간적인』에서는 냉철한 이성을 강조합니다. 그리고 바그너류의 낭만주의적인 예술마저도 권태로운 현실에서 도피하기 위한 마취제 정도로 보게 됩니다. 『인간적인, 너무나 인간적인』 이후에 쓰인 저작들인 『아침놀』, 『즐거운 지식』, 『선악의 피안』, 『도덕의 계보』, 『안티크리스트』에서 니체는 무엇보다도 기독교적인 도덕을 비롯한 서양 도덕의 기원과 병폐를 냉철하게 분석하고 비판하면서 새로운 도덕을 주창하고 있습니다.

25세라는 약관의 나이에 교수가 된 니체의 인생은 탄탄대로에 놓인 것처럼 보였습니다. 그러나 그의 삶은 결코 순탄하지 않았습니다. 니체가 교수로 재직한 기간은 고작 10년밖에 되지 않았습니다. 니체는 편두통, 눈병, 위장병과 만성적인 불면증을 비롯한 병마에 끊임없이 시달렸기 때문에 35살이 되던 해에 교수직을 사퇴하게 됩니다. 이 해에 니체는 118번의 병을 앓았다고 합니다. 3일 중 하루는 아팠던 셈이었고 가끔은 거의 졸도 상태로 며칠씩 누워 있어야 했습니다. 니체는 가히 종합병원이라고 할만 했습니다.

니체는 죽을 때까지 자신의 사상을 사회로부터 인정받지 못하는 고독과 끔찍한 병고로 고통받았지만, 초인적인 힘으로 사색과 저술에 몰두했습니다. 사색과 저술에 몰두하는 중에는 자신의 고통을 잊어버렸지요. 당시의 니체는 이렇게 쓰고 있습니다.

> "사는 것 자체가 끔찍한 고통이다. 만일 내가 정신과 도덕에 대한 분야에서 교훈적인 여러 가지 시험이나 시도를 하지 않았다면 나는 이미 오래전에 나의 삶을 던져 버렸을 것이다. … 이러한 인식욕구에서 느끼는 기쁨은 나를 고양시켜서 모든 고통과 절망을 잊게 한다."

교수직을 사퇴한 후 니체는 스위스와 이탈리아 등 기후가 좋은 곳을 찾아 요양하면서 저술에 몰두합니다. 니체는 특히 스위스에 있는 작은 마을 실스마리아에 자주 머물렀습니다. 실스마리아는 알프스산맥에 위치해 있는 아름다운 마을이었습니다. 니체는 인간이 지향하고 실현해야 할 모습으로서 '초인'이라는 인간상을 제시했습니다. 초인은 그 어떤 고통과 고난에도 불구하고 삶을 흔쾌히 긍정하는, 강인하면서도 명랑한 정신을 가진 사람을 가리킵니다. 아마 니체는 이러한 초인의 이상을 실스마리아에 머무는 동안 알프스산맥을 바라보며 얻었을 것입니다. 보는 사람을 압도하는 알프스산맥의 숭고한 모습을 보면서 니체는 자신도 어떤 폭풍우에도 의연히 흔들리지 않는 알프스산과 같은 인간이 되고 싶다고 생각했을 것입니다.

광인 니체,
죽어서 신화가 되다

1883년부터 1885년까지 3년에 걸쳐서 니체는 대표작인 『차라투스트라는 이렇게 말했다』를 저술합니다. 당시 니체의 병은 점점 심해지고 있었지만 니체가 가장 고통스럽게 생각한 것은 인류의 미래에 대해서 함께 고민하고 상의할 사람이 주변에 한 사람도 없다는 사실이었습니다. 극심한 두통으로 인해 한 해 200여 일 가까이 고통을 받았으며 거의 죽을 지경이 되었습니다. 시력은 점점 악화되어 맹인이 될 위기에 처했습니다.

니체는 개인이 세계와 어떤 공통된 이해에 도달하는 데 실패한 데서 기인하는 고독이야말로 모든 고독 중에서도 가장 비참한 고독이라고 생각했습니다. 니체는 이러한 고독이 자신의 심장을 파먹고 있다고 느꼈지요. 그러나 다른 한편으로 니체는 자신의 자유로운 창작활동을 위해서 고독이 필요하다고 생각했습니다.

1889년, 45살의 니체는 이탈리아의 토리노라는 지역에 머무르고 있었습니다. 어느 날 그는 토리노 광장에서 산책을 하던 중에 짐마차와 마주쳤습니다. 마부는 비쩍 마른 말을 채찍으로 사정없이 내리치고 있었습니다. 그 모습을 보던 니체는 맞고 있는 말이 가여워서 도저히 견딜 수 없었습니다. 니체는 말의 목덜미를 부여잡고 말을 때리지 말라고 소리쳤습니다. 그리고는 그 자리에서 졸도한 뒤 발광을 일으켰고, 10년 후 죽음에 이를 때까지 건강을 회복할 수 없었습니다.

니체는 일생동안 동정심은 연약한 자들이 갖기 쉬운 것인 한편, 사람들을 약하게 한다고 보면서 동정심을 경계했습니다. 우리가 고통받고 있는 어떤 사람을 보면서 동정을 느끼는 것은 우리 자신도 저런 고통을 받으면 얼마나 힘들까라고 생각하기 때문입니다. 그러나 어떠한 고통도 의연히 극복할 수 있는 강한 사람은 고통스러워하는 사람을 보아도 그가 자신과 마찬가지로 고통을 의연히 넘길 수 있을 것이라고 생각합니다. 따라서 강한 사람은 쉽게 동정을 느끼지 않습니다. 이런 의미에서 니체는 동정심은 연약한 마음의 소유자가 갖기 쉬우며, 또한 이런 사람을 더욱더 약하게 한다고 보았습니다. 그러나 말이 채찍질을 당하는 모습을 보면서 깊은 연민을 느꼈던 니체 자신은 사실 마음이 여리고 동정심이 많은 사람이었던 것 같습니다.

마흔다섯 살에 발광한 후부터 사망에 이르는 10년 동안 니체는 어떠한 활동도 제대로 하지 못하는 상태로 살았습니다. 니체의 병세는 1891년부터 급격히 악화되면서 2년 뒤인 1893년부터는 사람들을 거의 식별하지 못할 정도가 됩니다.

니체의 어머니는 니체가 광기에 빠진 후 몇 년 동안 니체를 돌보다가 눈을 감았습니다. 세상에는 불쌍한 여인이 많지만 니체의 어머니도 그중 하나가 아닐까 합니다. 그녀는 20대의 나이에 남편을 잃고 청상과부로 살면서 오직 아들 니체만을 바라보며 살아 왔습니다. 그녀는 자신이 죽는 순간까지 아들이 건강을 회복할 수 있으리라는 믿음을 놓지 않았습니다. 그녀는 자신의 몸도 가누기 어려운 형편이었으면서도 니체를 헌신적으로 간호했습니다. 그녀가 남긴 일기에는 '모성애에 감사한다'는 글귀가 있습니다. 니체를 간호하기 위해서 그녀는 초인적인 힘을 짜내야만 했는데, 그것이 가능했던 것은 세상의 어머니가 갖는 본능적인 모성애 덕분이었다는 것입니다.

어머니와 누이동생의 간호를 받으면서 10여 년을 보낸 니체는 20세기가 시작되던 해인 1900년 여름에 조용히 숨을 거두었습니다. 죽기 전의 니체를 본 한 친구는 이렇게 말하고 있습니다.

"… 눈이 풀리고, 몸은 늘어지고, 사지를 비틀면서 아무런 힘도 없이 어린아이처럼 누워 있었지만, 인간 니체로부터 발산되는 마성의 기운은 여전했다. 그의 모습에서는 당당함이 느껴지기도 했다. 이런 분위기를 나는 다른

니체의 생애, 자신의 운명을 사랑한 삶

인간에게서 느껴 본 적이 없다."

또 한 사람은 이렇게 그 인상을 남겼습니다.

"안경을 벗어 버린 눈의 아름다움은 정말로 압도적이었
다. 먼 곳을 바라보면서 동시에 내면으로 향하고 있는 듯
한 심오하면서도 슬픔을 지닌 그 눈에서 나오는 힘은 대
단했다. 감성적인 본성을 지닌 어느 누구도 벗어날 수 없
는 정신적인 자석 같았다."

니체는 교수 시절에 쓴 첫 작품 『비극의 탄생』으로 인해 한
때 유명해진 적이 있었지만 이후에 곧 잊혀졌습니다. 니체가 미
치기 8개월여 전에, 니체 사상에 매료되어 있던 덴마크의 철학자
인 브란데스가 코펜하겐대학에서 니체의 사상에 대한 강연을 했
습니다. 두 번에 걸쳐 행해진 이 강연이 예상보다 큰 성공을 거
두었다는 소식을 듣고 니체는 크게 기뻐했다고 합니다. 이 강연

으로 인해 니체의 이름은 독일에까지 알려지게 됩니다.

브란데스는 니체의 사상을 급진적 귀족주의로 규정했고 이러한 규정에 대해서 니체는 만족해 했습니다. 브란데스는 이렇게 말하고 있습니다.

> "인류의 목적은 아이스킬로스, 율리우스 카이사르, 예수, 레오나르도 다빈치, 미켈란젤로, 스피노자, 코페르니쿠스, 뉴턴, 괴테, 베토벤 같은 위인들을 낳는 것이다."

이 말에서 알 수 있는 것처럼 브란데스는 니체와 마찬가지로 귀족주의적인 사상의 소유자였습니다. 니체 역시 초인을 낳는 것이 인류의 목적이라고 보았습니다. 브란데스는 니체를 이렇게 평했습니다.

> "나는 그 사람[니체]이 동시대인들 중 가장 위대하고 가장 독창적인 인물들에 속한다는 사실을 즉각적으로 간

파했다. 내 친구들 중에 그 사람만큼 의미심장하거나 독립적인 인간이 입센과 이폴리트 테느뿐이었다는 것은 분명하지만, 그들마저도 그 사람만큼 급진적이지 않았으며 그 사람만큼 엄청난 매력과 굴하지 않는 대담성을 겸비하지 못했다.”

광기에 빠진 후 니체는 순식간에 유럽 전역에서 유명해지게 되었고, 니체의 철학은 유럽 전역을 뒤흔들게 됩니다. 죽은 후 20년이 채 안 돼 니체는 신화적인 인물이 된 것입니다.

니체의 삶은 언뜻 보기에는 병고와 고독으로 힘들기만 했던 삶으로 보입니다. 그러나 니체는 자신의 불행과 고통을 오히려 자신을 성숙시키고 강화시킬 수 있는 기회로 삼았으며 자신의 인생에 대해서 감사하게 생각했습니다. 니체는 운명을 한탄하거나 저주하지 않고 오히려 사랑하고 감사하라는 운명애運命愛, Amor Fati의 사상을 주창했습니다. 니체는 자신의 사상을 내세우는 데 그치지 않고 자신의 삶으로 몸소 체현했던 것입니다.

니체의 삶에 대한 이야기를 마무리하기 전에 니체가 왜 광기에 빠졌는지에 대해서 간략하게 살펴보겠습니다. 니체는 발광한 후 1889년 1월에 바젤대학의 동료 교수였던 야코프 부르크하르트에게 다음과 같은 내용의 편지를 썼다고 합니다.

"세계는 아름답게 변하고 있습니다. 왜냐하면 신이 대지에 존재하고 있기 때문입니다. 모든 하늘이 얼마나 기뻐하고 있는가를 당신은 보지 못하고 있습니까? 나는 나의 제국을 장악했고, 교황을 감옥에 투옥시켰으며, 빌헬름[당시의 독일 황제], 비스마르크[당시의 독일 재상], 슈퇴커[기독교사회당을 창당한 사람] 등을 총살시켰습니다."

이 편지에서 니체는 자신을 신과 동일시하고 있습니다. 부르크하르트는 이 과대망상적인 편지를 보고서 니체가 미쳤다고 생각했습니다. 부르크하르트는 이러한 사실을 니체의 친구였던 오버베크에게 알렸고 오버베크는 니체를 정신병원으로 옮겼습니다. 오버베크에 따르면 발광한 니체는 뛰어난 표현의 대가였음에도 저속한 말로 기쁨을 표현하면서 나체로 기괴한 춤을 추었다고 합니다.

그런데 니체는 왜 미쳤을까요? 니체가 미친 이유에 대해서는 아직 정설이 없습니다. 니체가 매독에 걸렸기 때문이라는 설이 오랫동안 정설로 인정되어 왔습니다. 페니실린이 발명된 이후 매독은 치료할 수 있는 병이 되었지만 니체가 살던 시대만 하더라도 매독은 불치병에 가까웠습니다. 당시의 의사들은 니체가 미쳤을 때 보였던 증세, 곧 과대망상에 빠지거나 발가벗고 춤을 추거나 하는 등의 증세가 매독균이 뇌에 침입했을 때 나타나는 증세와 유사하다고 보았던 것 같습니다. 이를 근거로 하여 의사들은 니체가 매독으로 인해 미쳤다고 진단을 내렸다고 합니다.

만약 매독에 걸려서 미친 게 사실이라면 니체는 어떻게 해서 매독에 걸린 것일까요? 보통 매독은 문란한 성생활로 걸리는 경우가 대부분입니다. 니체는 독신으로 살면서 결코 난잡한 성생활을 한 사람은 아니었습니다. 그럼에도 불구하고 매독에 걸리려면, 매독에 걸려 있던 여성과 한 번이라도 성관계를 맺었어야 했겠지요. 니체가 친구에게 보낸 한 편지에는 다음과 같은 사연이 담겨 있습니다.

대학생이었던 니체는 마차를 타고 독일의 쾰른이라는 도시를 관광한 적이 있었습니다. 그때 관광 안내자를 겸했던 마부가 니체를 사창가에 데려갔다고 합니다. 어떤 방에 들어섰을 때 자기를 보면서 늘어서 있는 몸 파는 여인들을 보면서 니체는 너무나 당황했습니다. 마침 방 한 구석에 피아노가 놓여 있는 것을 보고 니체는 앉아서 연주를 시작했습니다. 연주를 하면서 그는 비로소 마음의 안정을 되찾고 사창가에서 나왔다고 합니다.

학자들은 이 사연을 가지고 니체가 그때 그냥 나오지 않고 성관계를 했거나 아니면 평생 독신으로 살았던 니체가 성에 대한 호기심을 이기지 못하고 한 번쯤은 사창가를 다시 찾았을 것이라고 추측합니다. 그러나 니체가 매독으로 미쳤다는 설도 하나의 추측일 뿐 아직까지 확증되지는 않았습니다. 특히 이 설은 니체가 평생에 걸쳐서 고결하고 기품 있는 삶을 살았다는 사실을 고려해 보면 믿기 어렵습니다.

　최근에는 니체의 조울증이 조광증躁狂症으로 발전되면서 광기에 빠지게 되었다는 설이 유력하게 대두되고 있습니다. 주지하듯이 조울증은 기분이 고조되는 조증과 기분이 저하되는 울증이 서로 번갈아 가면서 일어나는 병입니다. 그런데 울증보다는 조증이 더 위험하고 조증이 악화되면 조광증이 된다고 합니다. 이렇게 조울증이 조광증으로 악화되어 니체가 미쳤다고 보는 설에서는 니체의 과대망상증도 이러한 조광증에 의한 것으로 봅니다.

　이러한 설들 외에 니체가 악성뇌종양 때문에 미쳤다는 설도 제기되고 있습니다. 이렇게 여러 설이 제기되는 가운데 니체가 매독 때문에 미쳤다는 설은 니체에 대해서 악의를 가졌던 사람들이 니체를 격하하기 위해서 날조한 것이라는 주장도 제기되고 있습니다. 기독교인들 중에서는 니체가 신을 비방하다가 신의 벌을 받아 미쳤다고 말하는 이들도 있습니다. 이러한 주장은 기독교를 광신적으로 믿는 사람들에게는 기분 좋게 들릴지도 모르지만, 다른 사람들에게는 어처구니없게 느껴질 것입니다.

앞에서 보았지만 니체의 아버지는 35세의 젊은 나이로 죽었습니다. 니체의 자전적인 책 『이 사람을 보라』에 따르면, 니체는 아버지로부터 받은 유전적 영향 때문에 자신이 단명할 것이라고 생각했습니다. 그리하여 자신의 병도 아버지로부터의 유전적 영향에 의한 것으로 보았습니다. 하나의 가정이지만 니체가 자신이 왜 미쳤는지를 말할 수 있었더라면, 뇌연화증*으로 죽었던 아버지로부터 받은 유전적 영향 때문이라고 말했을 것 같습니다.

* 뇌경색으로 인해 뇌조직이 붕괴하여 부드러운 조직이 되는 질환.

프롤로그

인간은 초극되어야만 하는

그 무엇이다

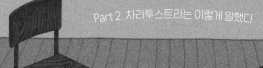

Part 2. 차라투스트라는 이렇게 말했다.

" 자신을 초극하는 과정은 기존의 자신을 해체하고
  새로운 자기를 획득해 나가는 과정입니다 "

차라투스트라의 하산

　　지금까지 우리는 니체의 생애를 살펴
보면서 그의 핵심 사상에 대해서도 간략히 살펴보았습니다. 지금부
터는 이러한 핵심 사상에 대한 이해를 토대로 하여 『차라투스트라는
이렇게 말했다』를 직접 읽어 보려고 합니다. 앞에서 말했듯이 『차라
투스트라는 이렇게 말했다』는 비유와 상징으로 점철되어 있습니다.
이러한 비유와 상징은 여러 가지로 해석될 수 있습니다. 따라서 저는
제 나름대로의 해석을 제시하겠지만 다른 해석의 가능성도 항상 열
려 있다는 사실을 우선 말씀드리고 싶습니다.

　　『차라투스트라는 이렇게 말했다』는 4부로 이루어져 있습니다.

1883년에서 1885년 사이에 4부가 독립적으로 저술, 출판되었고 나중에 한 권으로 묶였습니다. 니체는 각 부를 쓰는 데 10일밖에 걸리지 않았다고 하지만, 사실은 오랜 기간에 걸친 준비 작업이 있었습니다. 이 책은 프롤로그(서설)와 총 80개의 장으로 구성되어 있고 각각의 장에는 소제목이 붙어 있습니다.

I부는 〈프롤로그〉와 〈차라투스트라의 설교〉 부분으로 구성되어 있고, 〈차라투스트라의 설교〉 부분은 22개의 장으로 이루어져 있습니다. 차라투스트라는 10년 동안 산속에서 고독한 구도생활을 한 끝에 '신이 죽었기에 이제는 초인이 살아야 한다'는 깨달음을 얻습니다. I부는 차라투스트라가 이 깨달음을 사람들에게 전파하기 위해 하산하는 장면으로 시작합니다. 차라투스트라는 '얼룩소Bunte Kuh'라는 도시에서 자신의 복음을 전하지만, 사람들의 비웃음만 사고 다시 동굴로 되돌아갑니다. 얼룩소는 역사상의 실제 인물인 조로아스터가 가르침을 편 곳이라고 합니다.

여기서는 우선 프롤로그 부분을 살펴볼 것입니다. 프롤로그는 이렇게 시작합니다.

"차라투스트라가 서른 살이 되었을 때 그는 자신의 고향과

호수를 떠나 산으로 들어갔다. 여기서 그는 자신의 정신과
고독을 즐겼으며 10년 동안 아무런 싫증도 느끼지 않았다."

이 대목에서 우리는 자연스럽게 예수를 떠올리게 됩니다. 예수
가 서른 살의 나이에 고향을 떠나 사막으로 들어갔듯이, 차라투스트
라 역시 서른 살의 나이에 고향을 떠나 산속으로 들어갑니다. 그러
나 예수가 금식과 고행을 했던 반면에, 차라투스트라는 자신의 정신
과 고독을 즐깁니다. 여기서 고독은 단순히 홀로 있는 상태를 의미
하지 않습니다. 그것은 오히려 세상 사람들의 천박한 가치와 사고
방식을 떠나서 세계와 사물 그리고 인간의 참된 본질을 경험하는 상
태라고 할 수 있습니다. 이런 의미에서 니체는 높은 정신에게는 항
상 고독이 따른다고 말하고 있습니다. 예수가 40일 동안 사막에 머
문 반면에, 차라투스트라는 산속에서 10년을 머물면서 자신의 정신
과 고독을 심화시킵니다.

그런데 10년이 지나면서 그의 심경에 변화가 일어납니다. 그는
인간세상으로 내려가 자신의 가르침을 펴기로 결심합니다. 태양이
자신의 빛을 세계와 사물들에 나눠 주는 데서 기쁨을 느끼는 것처
럼, 차라투스트라도 자신의 정신과 가르침을 사람들에게 베푸는 데

서 기쁨을 느끼고 싶어 합니다. 차라투스트라는 이렇게 말합니다.

"보라! 나는 마치 너무도 많은 꿀을 모은 벌처럼 지혜에 물려 있다. 나는 나에게서 받고 싶어 하는 손들을 필요로 한다. 나는 나누어 주고 베풀어 주고 싶다. 인간들 중의 현명한 자들이 다시 한번 자신들의 어리석음에 기뻐하고 가난한 자들이 다시 한번 자신들의 부를 기뻐하게 될 때까지."

여기서 '인간들 중의 현명한 자들'이란 기독교와 같은 전통적인 가치에 얽매여 있는 사회에서, 현명한 자들로 간주되고 또한 현명한 자라고 스스로 자부하는 자들입니다. '이들이 자신들의 어리석음에 기뻐한다'는 말은 차라투스트라의 가르침으로 인해 이들이 자신들의 어리석음을 깨닫고 기뻐한다는 것을 의미합니다.

'가난한 자들이 다시 한번 자신들의 부를 기뻐하게 된다'는 말은 무엇을 의미할까요? 이 경우 '가난한 사람들'은 전통적인 가치를 부정하지만 그것을 대체할 새로운 가치와 삶의 방향을 제대로 찾지 못한 채 공허한 삶을 살아가는 사람들을 가리킵니다. '가난한 사람들이 다시 한번 자신들의 부를 기뻐하게 된다'는 말은 차라투스트라의 가르침으로 인해 삶의 참된 의미와 가치를 깨닫게 된 가난한 자들이 그러한 참된 의미와 가치를 구현할 수 있는 자신들의 풍부한 잠재력에 기뻐한다는 말입니다.

태양이 자신의 빛을 아무런 대가도 바라지 않고 선사하듯이 차라투스트라 역시 자신의 넘치는 지혜를 사람들에게 무상으로 나눠주고 싶어 합니다. 이를 위해 차라투스트라는 인간세상으로 내려갑니다. 이것을 차라투스트라는 몰락이라고 부르고 있습니다. 이 경우 몰락을 의미하는 독일어 Untergang은 물론 하산이나 하강을 의미한다고도 볼 수 있습니다. 그러나 니체는 이 책에서 '몰락'이라는 단어를 많은 경우 비유적으로 사용하고 있습니다. 이때 몰락은 기존의 삶을 폐기하고 새로운 삶을 향해 나아가는 것을 의미합니다. 차라투스트라는 10년 동안의 고독한 삶을 청산하고 인간들과 뒤섞여 사는 것을 선택합니다. 이러한 선택의 결과, 차라투스트라는 실망과 좌절을 맛보기도 하지만 이러한 과정을 통해서 더욱 성숙하게 됩니다.

하산을 결심하면서 차라투스트라는 태양을 향해 이렇게 말합니다.

"그러니 나를 축복하라. 아무리 큰 행복도 전혀 질투하지 않고 볼 수 있는 평온한 눈이여! 넘쳐흐르려는 잔을 축복하라. 그 잔에서 물이 황금빛으로 흘러나와 그대의 환희를 온 세상으로 나를 수 있도록!"

차라투스트라는 여기서 태양을 '아무리 큰 행복도 전혀 질투하지 않고 볼 수 있는 평온한 눈'에 비유하고 있습니다. 남의 불행을 동정하기는 어렵지 않지만 남의 행복을 시기나 질투 없이 바라보기는 쉽지 않습니다. 남의 행복을 시기나 질투 없이 바라보기 위해서는 우리 자신이 먼저 행복으로 넘쳐야 합니다. 차라투스트라는 자기 자신을 '태양'과 '넘쳐흐르려는 잔'에 비유하면서 자신이 지금 지혜와 행복으로 넘쳐흐르고 있다는 사실을 시사하고 있습니다.

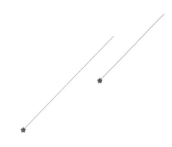

신은 죽었다

산을 내려오던 중 차라투스트라는 한 노인 성자를 만납니다. 차라투스트라가 성자에게 "그대는 숲속에서 무엇을 하는가?"라고 묻자, 성자는 "노래를 지으며 웃고 울고 중얼거리면서 신을 찬양한다"라고 대답합니다. 노인을 떠나 혼자 있게 되었을 때 차라투스트라는 마음속으로 이렇게 말합니다.

"어찌 이런 일이 있을 수 있단 말인가! 이 늙은 성자는 자신의 숲속에서 '신이 죽었다'는 소식에 대해서 아직 아무 말도 듣지 못했단 말인가!"

차라투스트라는 기독교의 인격신이 이미 허구로 드러났는데도 노인이 이를 아직 모르고 있다는 사실에 안타까워합니다. 여기서 이 성자가 노인이라는 점을 주목할 필요가 있습니다. 성자가 노인이라는 것은 성자가 이미 현실적인 의미를 상실한 과거의 가치를 추종하면서 과거의 세계에 살고 있는 자라는 것을 암시합니다. 다른 한편으로 성자가 노인이라는 것은 생명력이 쇠퇴한 자라는 것을 의미합니다. 생명력이 쇠퇴한 자는 모든 것이 생성 소멸하고 고통과 고난이 끊이지 않는 현실의 세계를 긍정하지 못합니다. 그는 모든 고난과 고통이 사라진 천상의 세계를 희구합니다.

성자는 10년 전에 차라투스트라가 산으로 올라갈 때 만났던 사람입니다. 성자는 산을 내려오는 차라투스트라를 보면서 이렇게 말합니다.

"이 방랑자는 낯이 익구나. 그는 몇 해 전에 이곳을 지나갔었지. 그는 이름이 차라투스트라였지. 그런데 그가 변했구나. 그 당시 그대는 그대의 재를 산으로 날랐지. 오늘은 그대의 불을 골짜기로 나르려고 하는가? 자네는 방화범으로 처벌받는 것이 두렵지 않은가?

맞아, 분명히 차라투스트라야. 눈은 맑고, 그의 입가에는 혐
오가 사라졌구나. 그래서 그는 춤추는 자처럼 걸어가고 있
지 않는가?
차라투스트라는 변했다. 차라투스트라는 아이가 되었다.”

여기서 '그대의 재를 산으로 날랐다'는 말은 무엇을 의미할까
요? 재는 우리가 앞에서 본 전통적인 가치와 그것을 뒷받침하는 철
학과 종교들을 불살라 버리고 남은 재를 가리킵니다. 차라투스트라
는 세상을 태울 불, 곧 자신의 새로운 사상을 골짜기로, 다시 말해
인간세상으로 나르고 싶어 합니다. 이런 차라투스트라를 보면서 성
자는 차라투스트라가 전통적인 가치를 수호하는 자들에 의해서 방
화범으로 처벌받게 될 것이라고 경고합니다.
　이때 성자는 차라투스트라의 변화에 대해서도 함께 언급하
고 있습니다. 성자는 차라투스트라의 입가에서 '혐오'가 사라졌으며
'춤추는 자'가 되었다고 말합니다. 우리는 앞에서 니체가 대학 시절
에 쇼펜하우어의 사상에 심취하여 한때 염세주의자로 살았다는 사
실을 보았습니다. 니체는 전통적인 가치를 부정했지만 새로운 가치
를 발견하지 못한 채 삶은 아무런 의미도 방향도 없이 흘러가는 허

망한 것에 불과하다는 허무주의에 빠졌습니다. 차라투스트라가 10년 전에 산을 올라갈 때 입가에 서려 있던 혐오는 바로 허망한 세계와 삶에 대한 환멸과 혐오를 가리킵니다.

그러나 차라투스트라는 산속에서의 오랜 수도생활 끝에 이러한 환멸과 혐오를 극복합니다. 이제 차라투스트라는 세계와 삶을 긍정하면서 매 순간을 즐기는 자가 되었습니다. 이런 차라투스트라를 성자는 춤추는 자라고 부르고 있습니다. 춤을 추기 위해서는 우리는 중력의 힘을 극복해야 합니다. 우리를 아래로 끌어내리는 중력의 힘을 극복할 수 있는 건강한 생명력이 넘치는 자들만이 자유롭게 위로 뛰어오르면서 춤을 출 수 있습니다. 여기서 춤추는 자는 우리의 활력과 생기를 앗아 가면서 우리를 바닥으로 끌어내리는 염세주의나 허무주의에서 벗어나 어떠한 고난과 고통에도 흔들림 없이 명랑하고 경쾌한 마음으로 삶을 살아가는 자입니다.

성자는 차라투스트라에게 왜 인간세상으로 내려가려고 하는지를 묻습니다. 이 질문에 차라투스트라는 "나는 사람들을 사랑한다"고 답합니다. 성자는 인간은 너무나 불완전한 존재이기 때문에 자신은 인간을 사랑하지 않는다고 말합니다. 아직 기독교적인 이원론을 따르는 노인 성자가 보기에 인간은 자신들의 욕망과 본능에 사로잡혀 있는 불완전한 존재입니다. 그러나 차라투스트라는 인간의 잠재력을 믿습니다. 그리하여 초인의 이상이라는 선물을 주기 위해서 사람들에게 내려가려고 합니다.

성자는 사람들에게 아무것도 주지 말고 오히려 그들에게서 뭔가를 빼앗아 그것을 그들과 함께 짊어지라고 말합니다. 성자의 이 말에서 우리는 "무거운 짐 진 자들이여, 나에게 오라. 내가 편히 쉬게 하리라"는 예수의 말을 떠올릴 수 있습니다. 성자는 사랑을, 사람들의 고통을 함께 짊어져서 그들의 고통을 덜어 주는 '동정'으로 생각합니다. 이에 반해 차라투스트라는 사랑을, 사람들로 하여금 어떠한 고통과 고난도 흔쾌히 받아들이는 강인한 초인이 되도록 '채찍질하는 것'으로 파악합니다.

성자는 사람들에게 무언가를 주고자 한다면 "적선이나 하라"고 말합니다. 여기서 적선도 사람들의 고통을 덜어 주고 위로하는 것을 가리킵니다. 차라투스트라는 자신은 "적선이나 할 정도로 가난하지는 않다"고 말합니다. 여기서 '가난하지 않다'는 말은 정신적으로 가난하지 않다는 것을 의미합니다. 정신적으로 가난한 사람은 삶에 공허감을 느끼거나 자신에 대해서 열등의식을 느끼는 사람을 가리킵니다. 차라투스트라는 적선이라는 행위가 정신적으로 빈곤한 자가 자신의 공허한 삶에 의미를 부여하거나 적선을 받는 자에 대한 우월감을 확보하기 위한 것이라고 보는 것입니다.

물론 그렇다고 해서 차라투스트라가 남을 돕는 모든 행위를 부정적으로 보는 것은 아닙니다. 차라투스트라는 남을 돕되 그가 스스로 설 수 있는 독립적이고 강한 인간이 되도록 도와줘야 한다고 봅니다. 성자는 차라투스트라를 비웃으며 이렇게 말합니다.

"그러면 그들이 그대의 선물을 받는지를 시험해 보게! 그들은 은자隱者에 대한 불신에 사로잡혀 있고 우리가 선물을 주러 온다는 사실을 믿지 않는다.

거리를 걷는 우리의 발자국 소리는 그들에게는 너무나 쓸쓸하게 들린다. 그리고 해가 뜨려면 아직 먼 한밤중에, 그들이 침대에 누워서 어떤 사람이 지나가는 소리를 들을 때와 마찬가지로 그들은 필시 '도둑이 어디로 가려는 걸까?' 라고 자문할 것이다."

성자는 사람들이 차라투스트라를 선물을 주는 자라고 생각하기는커녕 오히려 자신들의 안락한 삶을 빼앗아 가는 도둑이라 생각할 것이라고 말합니다. 나중에 보겠지만 니체는 고통과 고난을 두려워하면서 안락한 삶에 집착하는 사람들을 말세인이라고 부르고 있습니다.

성자의 만류에도 불구하고 차라투스트라는 산을 내려옵니다.

인간은 초극되어야만 하는
그 무엇이다

드디어 차라투스트라는 숲에서
이어지는 가장 가까운 마을에 도착합니다. 거기에서 그는 줄 타는
광대의 공연을 보기 위해 시장에 모여 있는 많은 군중을 봅니다. 차
라투스트라는 군중을 향해 이렇게 말합니다.

"나는 그대들에게 초인을 가르친다. 인간은 초극되어야만
하는 그 무엇이다. 그대들은 인간을 극복하기 위해 무엇을
했는가?
지금까지 모든 존재자는 자기 자신을 능가하는 무엇인가를

창조해 왔다. [⋯]

인간에게 원숭이란 어떤 존재인가? 하나의 웃음거리 혹은 하나의 참기 어려운 수치가 아닌가? 그리고 초인에게는 인간 또한 그러한 존재다. 하나의 웃음거리 혹은 참기 어려운 수치인 것이다.

그대들은 벌레로부터 인간에로의 길을 걸어왔으나, 아직도 그대들은 많은 점에서 벌레다. 그대들은 예전에 원숭이였고 지금도 인간은 어떤 원숭이보다 더한 원숭이다."

『차라투스트라는 이렇게 말했다』에서 특히 유명한 구절입니다. 누구나 한 번쯤은 "인간은 초극되어야만 하는 그 무엇이다"는 말을 들었을 것입니다. 우리는 이 말에서 니체가 다윈의 진화론을 일부 받아들였다는 사실을 엿볼 수 있습니다. 인간은 처음 땅바닥을 기는 벌레에서 시작해 원숭이와 인간을 거쳐 초인으로 진화해 간다고 보는 겁니다.

니체는 벌레, 원숭이, 인간을 신에 의해서 창조된 것이 아니라 진화의 산물로 봅니다. 그렇다고 해서 니체의 진화론이 다윈의 진화론과 동일한 것은 아닙니다. 다윈은 진화가 돌연변이에 의해 무작위로 일어나며 특별히 지향하는 목표가 없다고 봅니다. 이에 반해 니체는 진화에는 초인이라는 목표가 있다고 보았습니다. 그리고 이러한 목표는 돌연변이에 의해서 실현되는 것이 아니라 자신을 초극하려는 인간의 노력에 의해서 달성된다고 보았습니다.

차라투스트라는 겉보기에는 인간이지만 실질적으로는 인간의 단계에 도달하지 못한 인간들이 많다고 봅니다. 이들은 정신적으로는 아직 원숭이나 벌레의 수준에 머물러 있다는 것입니다. 원숭이는 흉내를 잘 내는 동물입니다. 따라서 여기서 원숭이는 남들을 모방하거나 유행에 따르는 정신을 상징한다고 볼 수 있습니다. 벌레는 땅바닥을 기는 동물이지요. 따라서 여기서 벌레는 권위나 권력에 굴종하는 정신을 가리킵니다.

차라투스트라는 인간들 중에서 가장 현명한 자들도 식물과 유령의 분열이며 잡종에 지나지 않는다고 말합니다. 여기서 식물과 유령의 분열이자 잡종은 이원론을 신봉하는 자들을 가리킵니다. 이들에게 육체는 정신이 결여된 식물과 같은 것이고, 정신은 육체와 분리될 수 있는 유령과 같은 것으로 간주됩니다. 이에 반해 니체는 인간을 정신과 육체로 나누지 않고 하나의 통일적인 생명체로 봅니다.

차라투스트라는 계속해서 말합니다.

"초인은 대지의 뜻이다. 그대들의 의지는 초인이 대지의 뜻
이라고 말한다.

나의 형제들이여, 그대들에게 간청한다. '대지에 충실하라.'
그리고 천상의 희망에 대해서 이야기하는 자들을 믿지 말라!
그들은 자신들이 알든 모르든 독을 섞는 자들이다."

여기서 '대지'는 단순한 땅이 아니라 생성 소멸하는 세계 전체
를 지칭합니다. '초인은 대지의 뜻이다'라는 말은 초인의 실현이야
말로 이 세계의 진정한 목표라는 것을 의미합니다. 그 전에는 신이
거주하는 천상의 세계에 가는 것이 세계의 목표였다면 이제는 초인
을 실현하는 것이 세계의 목표라는 것입니다. 초인은 신에게 의지
하거나 천상의 행복을 희구하지 않고 우리가 발을 디디고 있는, 생
성 소멸하는 이 세계를 긍정하는 자입니다.

천상의 세계를 희구하는 자들을 차라투스트라는 '삶을 경멸하
는 자, 죽어가는 자, 독에 중독된 자들'이라고 부릅니다. 이들은 성욕
이나 명예욕 같은 자연스러운 욕망을 악으로 간주하면서 지상에서
의 삶을 경멸합니다. 이들은 육체를 이런 욕망들의 근거로 보면서
육체를 경멸하고 학대합니다. 차라투스트라는 이렇게 말합니다.

"한때 영혼은 경멸의 눈초리로 육체를 바라보았다. 당시에
는 이러한 경멸이 최고의 것이었다. 영혼은 육체가 야위고
비참해지고 굶주리기를 원했다. 이렇게 해서 영혼은 신체
와 대지에서 벗어나려고 했던 것이다.
오, 이 영혼 자신도 야위고 비참해지고 굶주렸다. 그리고 잔
혹함이 이러한 영혼의 환락이었다!"

영혼은 육체의 욕망을 근절하려고 했지만 근절되지 않는 욕망
때문에 자신에 대한 죄의식에 사로잡힙니다. 이에 따라 영혼은 자
신을 죄인으로 단죄하면서 잔혹하게 학대합니다. 그렇다고 해서 차
라투스트라는 우리가 욕망을 제멋대로 분출하면서 살아야 한다고
말하지는 않습니다. 차라투스트라는 진정으로 강한 자는 욕망을 자
유롭게 통제할 수 있는 자라고 봅니다. 진정으로 강한 자는 자신을
극복한 자이며 욕망을 우아한 모습으로 승화시키는 자입니다. 차라
투스트라는 이렇게 말합니다.

"진실로 인간은 더러운 강이다. 인간이 더러운 흐름을 받아
들이면서도 더럽혀지지 않기 위해서는 하나의 바다가 되어

야 한다.

보라, 나는 그대들에게 초인을 가르친다. 초인은 바로 이 바
다다."

바다는 더러운 강물조차 다 받아들이면서도 강물에 동화되지
않고, 오히려 강물을 자기 자신에 동화시킵니다. 초인 역시 자신의
욕망들을 더러운 것으로 단죄하지 않고 모두 받아들이지만 그것들
에 휘둘리지 않고 적절하게 통제합니다. 차라투스트라는 초인을 또
한 번개이자 광기라고 말하고 있습니다. 초인이 번개라는 것은 기
존의 가치를 파괴하면서 세상을 밝히는 자라는 것을 의미합니다.
초인이 광기라는 것은 초인이 전통적인 가치관에 사로잡혀 있는 세
상 사람의 눈으로 보기에는 미친 사람으로 보인다는 말입니다.

극도의 고통과 기쁨 그리고 어둠과 밝음을 갖는 생을 있는 그
대로 긍정하기로 결단한 자가 초인입니다. 이러한 초인을 니체는
사람들이 그 사람 앞에 섰을 때 경외심을 갖게 되는 심원한 인간으
로 규정하고 있습니다. 니체는 『힘에의 의지』에서 이렇게 말하고
있습니다.

"인간이 위대해지고 고양되면서 그는 또한 더 깊이를 갖고 두려운 존재가 된다.[이러한 사실의] 한 측면을 원하지 않으면서 다른 측면을 원해서는 안 된다. 오히려 한 측면을 보다 철저하게 원하면 원할수록 그만큼 철저하게 사람들은 다른 측면을 달성하게 되는 것이다."

이러한 초인은 전통적인 의미의 선한 인간과는 성격을 완전히 달리합니다. 전통적인 의미에서 선한 인간이란 두렵지도 위험하지도 않으며 다른 사람들에게 상냥한 인간입니다.

니체는 인간사회와 역사의 목표가 인류 전체의 행복이 아니라 탁월한 개인들의 창조라고 말하고 있습니다. 인류는 목적이 아니라 이러한 소수의 탁월한 개인들이 자신들을 실현하기 위한 수단입니다. 니체는 『힘에의 의지』에서 이렇게 말합니다.

"나는 인류die Menschheit가 아니라 인간der Mensch이라고 말하고 있다! 인류는 목적이라기보다는 오히려 수단이다. 중요한 것은 유형Typus이다. 인류는 한갓 시험재료일 뿐이며 실패한 자들의 거대한 과잉상태이고 하나의 폐허다."

교육의 목적도 이제 초인이라는 하나의 특정한 인간 유형을 육성하는 데 있습니다. 니체는 결혼의 목적도 초인을 낳는 데 있다고 보며, 초인에 가까운 자격을 갖춘 자만이 초인을 낳을 수 있다고 말합니다. 차라투스트라는 I부의 「어린애와 결혼에 대하여」라는 장에서 이렇게 말합니다.

"그대는 젊고, 아이와 결혼을 원하고 있다. 그러나 나는 그대에게 묻는다. 그대는 아이를 바랄 만한 자격을 갖춘 사람인가?

그대는 승리자인가? 자기를 극복한 자인가? 관능의 지배자인가? 그대의 모든 덕의 주인인가? 이렇게 나는 그대에게 묻는다.

또는 그대가 아이와 결혼을 원하는 것은 짐승의 욕구 때문인가 아니면 고독 때문인가? 또는 그대 자신에 대한 불만 때문인가? 나는 아이를 갈망하는 것이 그대의 승리와 자유이기를 바란다. 그대는 그대의 승리와 해방을 위해 살아 있는 기념비를 세워야 한다.

그대는 그것을 그대를 넘어선 곳에 세워야 한다. 그러나 우선은 그대 자신부터 세워야 한다. 육체도 영혼도 반듯하게."

니체는 이러한 초인을 낳기 위해서는 뛰어난 남녀들이 서로 결합해야 한다고 봅니다. 이러한 결혼의 목표는 처음부터 끝까지 초인을 낳고 육성하는 것입니다. 차라투스트라는 이렇게 말합니다.

"결혼, 그것을 나는 창조한 사람들보다 더 높은 자를 창조하려는 두 사람의 의지라고 부른다. 서로가 상대방을 이러한 의지를 갖고자 하는 자로서 경외하는 것을 나는 결혼생활이라고 부른다.
이것이 그대의 결혼생활의 의미이자 진리가 되게 하라. 그러나 많은 너무나 많은 자들, 이 쓸모없는 자들이 결혼이라고 부르는 것 ─ 아, 그것을 나는 어떻게 불러야 할까?
아, 이 두 사람의 영혼의 이 가난함이여! 아, 두 사람의 이 영혼의 더러움이여! 아, 두 사람의 이 가련한 자기만족이여"

차라투스트라는 Ⅲ부의 「낡은 서판과 새로운 서판」이란 장에서 이렇게 말합니다.

"내가 남자와 여자에게 바라는 것은 이것이다. 남자는 전쟁을 잘 하고, 여자는 아이를 잘 낳고, 그리고 둘 다 머리와 발로 춤을 잘 추기를.

따라서 한 번도 춤추지 않은 날은 우리에게는 잃어버린 날로 치자! 또 커다란 웃음이 따르지 않은 진리는 모두 허위라고 부르기로 하자!"

차라투스트라는 여기서 훌륭한 아이를 낳기 위해서는 남자와 여자 모두 초인과 같은 인간이 될 것을 요구합니다. 니체는 사람들에게 어떠한 고난과 고통에도 불구하고 인생을 춤추듯 사는 강하고 밝은 생명력이 넘치는 자가 될 것을 요구합니다. 차라투스트라는 이러한 자들만이 초인을 낳을 수 있다고 봅니다.

우리가 지금까지 읽은 것을 염두에 두고 리하르트 슈트라우스의 교향곡 〈차라투스트라는 이렇게 말했다〉의 서곡을 유튜브에서 들어 볼 것을 권하고 싶습니다. 물론 이 서곡은 워낙 유명해서 여러분들도 이미 한 번 쯤은 들어 보셨을 것입니다. 장중한 음조의 이 서곡은 거의 소리가 들리지 않는 저음에서부터 시작하여 점차로 커져 가면서 나중에 절정에 달합니다. 슈트라우스는 이렇게 음이 고조되

어 가는 과정으로 차라투스트라가 말하는 진화의 과정을 표현하고
싶었을 것입니다. 저음은 벌레나 유인원을 상징하고, 중간음은 인
간을, 절정음은 초인을 상징합니다.

물론 이 서곡에 대해서는, 10년 동안 머물렀던 산에서 내려와
인간세상으로 나아가는 차라투스트라의 발소리가 점차로 크게 울
려 오는 것을 표현하고 있다는 등의 다양한 해석도 가능합니다.

초인은 누구인가

차라투스트라가 초인의 이상에 대해서 설파
하자 군중 속에서 한 사람이 이렇게 외칩니다.

"우리는 줄 타는 광대에 대해서는 충분히 들었다. 이제 우
리에게 그를 보여 달라!"

그러자 모든 사람이 차라투스트라를 비웃었습니다. 차라투스
트라가 설파하는 초인을 비꼬는 말이었지만, 줄 타는 광대는 이 말
이 자기를 향한 것이라 생각하고 재주를 부리기 시작합니다. 차라

투스트라는 군중이 자신을 비웃는 것을 이해하지 못하면서 연설을
계속합니다.

"인간은 짐승과 초인 사이에 놓인 밧줄이다. 심연 위에 놓
인 밧줄이다.
저편으로 가는 것도 위험하고, 건너가는 과정도 위험하며,
뒤돌아보는 것도 위험하고, 무서워서 멈춰 서는 것도 위험
하다.
인간의 위대함은 그가 다리일 뿐 목적이 아니라는 데 있다.
인간이 사랑받을 수 있는 점은 그가 하나의 과정이요 몰락
이라는 데 있다.
나는 사랑한다. 몰락하는 자로서 살 뿐 그 밖의 삶은 모르는
자들을. 그들은 저편을 향해 건너가는 자들이기 때문이다."

인간이 짐승과 초인 사이에 놓인 밧줄이라는 것은 인간은 초인
이 되기 위해서 자신을 끊임없이 초극해야 하는 존재라는 것을 의미
합니다. 차라투스트라는 이렇게 끊임없이 자신을 초극해야만 한다
는 사태를, 인간은 다리일 뿐 목적이 아니라는 말로 표현하고 있습

니다. 이렇게 자신을 초극하는 과정은 기존의 자기를 해체하고 새로운 자신을 획득해 나가는 과정입니다. 이렇게 기존의 자신을 해체하는 것을 차라투스트라는 몰락이라고 부르고 있습니다.

자신을 초극해 나가는 과정은 위험을 수반합니다. 기존의 자신을 해체한다는 것은 기존의 가치에 얽매여 있는 자신을 극복한다는 것입니다. 이러한 과정에서 우리는 기존의 가치에 얽매여 있는 사회와 갈등을 빚고 사회로부터 배척을 당할 수 있습니다. 중세에서 근세로 넘어오는 과정에서 기독교의 인격신을 부정하다가 단죄를 받았던 수많은 사람을 생각해 봅시다. 이런 의미에서 인간은 짐승과 초인 사이에 놓인 밧줄이지만, 평범한 곳이 아니라 심연 위에 놓인 밧줄입니다.

차라투스트라는 계속해서 자신이 어떤 자를 사랑하는지에 대해서 말합니다. 그는 위대한 경멸자를 사랑합니다. 위대한 경멸자는 비열하고 왜소한 것을 경멸하면서, 진정으로 위대한 것을 숭배하고 구현하려고 하는 자이기 때문입니다.

차라투스트라는 몰락과 희생의 근거를 '별들의 배후'에서 구하지 않는 자를 사랑합니다. 여기서 별들의 배후란 신이나 천상의 세계 혹은 공산주의와 같은 미래의 유토피아까지도 의미합니다. 니체는 공산주의와 같은 미래의 유토피아가 사실은 기독교인들이 생각하는 천상의 세계를 지상에 투영한 것에 불과하다고 봅니다. 기독교인들은 자신들이 지향하는 천상의 세계에는 아무런 고통도 고난도 없이 안락한 행복만 존재한다고 생각합니다. 이와 마찬가지로 공산주의자들도 자신들이 지향하는 미래의 유토피아에서는 아무런 고통도, 고난도, 차별도 없다고 주장합니다.

그러나 니체는 고통과 고난은 사라질 수 없을 뿐 아니라, 인간은 고통과 고난에 맞서 투쟁하고 그것들을 극복해 나가는 가운데 성숙해 간다고 말합니다. 따라서 초인은 이러한 고통과 고난까지도 긍정하는 자입니다. 니체는 고통과 고난이 사라진 세계를 희구하는 자는 고통과 고난을 의연히 감수할 수 있는 생명력이 퇴화한 자라고 부릅니다.

차라투스트라는 인식하기 위해 사는 사람을 사랑합니다. 여기서 인식하는 자는 신이나 천상의 세계 혹은 유토피아와 같은 허구를 꾸며 내지 않고, 생성 소멸하는 지상의 현실을 있는 그대로 인식하고 긍정하는 자를 가리킵니다.

차라투스트라는 자신의 영혼을 아낌없이 선사하는 자를 사랑합니다. 영혼을 아낌없이 선사하는 자는 자신의 지혜와 덕을 베풀면서도 사람들이 그에게 고마워하기를 바라지 않고 보답도 바라지 않는 자입니다. 그런 자는 선사할 뿐, 자신 속에 간직하려 하지 않습니다.

또한 차라투스트라는 주사위놀이에서 행운을 잡았을 때 부끄러워 어쩔 줄 몰라 하는 사람을 사랑합니다. 이런 사람은 고난을 회피하지 않고 행운을 좇지 않는 사람을 의미합니다.

차라투스트라는 군중에게 이렇게 초인의 이상을 열정적으로 설파하지만 군중은 차라투스트라를 비웃을 뿐입니다. 마침내 차라투스트라는 군중이 자신의 말을 이해하지 못한다는 사실을 깨닫고, 말하는 방법을 바꾸기로 합니다. 차라투스트라는 군중이 자신들에 대해서 자부심을 가지고 있다는 사실을 떠올립니다. 군중은 자신들이 나름대로 많은 교육을 받은 교양인이라고 생각합니다. 그러나 니체가 보기에 교양인이라는 것은 잡다하게 아는 것이 많을 뿐 자신이 알고 있는 것을 체화하지 못한 얄팍한 인간입니다.

차라투스트라는 군중이 "스스로를 경멸하라"는 자신의 말을 이해하지 못하는 것은 이들이 자기 자신에 대해서 자부심을 갖고 있기 때문이라고 생각합니다. 따라서 차라투스트라는 그들의 긍지와 자부심에 호소하려고 합니다. 이를 위해서 차라투스트라는 가장 경멸스러운 인간인 말세인에 대해서 말합니다. 차라투스트라는 가장 경멸할 만한 인간에 대해 들려줌으로써 군중으로 하여금 자신들은 '보다 고귀한 인간'이 되겠다고 결심하게끔 만들려고 합니다. 차라투스트라는 가장 경멸스러운 인간에 대해 말하기 전에, 춤추는 별을 탄생시키기 위해서는 마음속에 혼돈을 간직하고 있어야 한다는 이야기를 합니다. 이때 '춤추는 별'이란 초인이라는 이상을 가리킵니다. 그리고 '혼돈'은 기존의 규범이나 안락한 삶을 파괴할 수 있는 강력한 생명력을 가리킵니다. 니체는 이러한 생명력을 디오니소스신이라고도 부릅니다.

마지막으로 차라투스트라는 "더 이상 자기 자신을 경멸할 수 없는 가장 경멸스러운 인간의 시대가 올 것이다"라고 외칩니다. 여기서 '가장 경멸스러운 인간'이란 자기만족에 빠져 있어 자신을 초극할 가능성이 전혀 없는 인간을 가리킵니다.

차라투스트라가 말하는 초인이 어떤 인간인지를 분명히 파악하기는 쉽지 않습니다. 저는 니체가 말하는 초인을 아리스토텔레스가 말하는 '긍지에 찬 인간'과 비교함으로써 구체화하려고 합니다.

니체의 사상을 우리는 기독교에 의해 망각된 그리스·로마인들의 귀족적인 덕들을 회복하려고 하는 사상이라고 볼 수도 있습니다. 니체가 추구하는 초인의 상을 귀족적 인간에 대한 아리스토텔레스의 묘사에서 가장 선명하게 찾아볼 수 있는 것도 바로 이 때문입니다. 아리스토텔레스는 귀족적인 덕들을 숭상하는 사회에서 살았기 때문에 귀족적인 덕들을 구현한 인간들을 생생하게 접했을 것입니다. 『니코마코스 윤리학』에서 아리스토텔레스는 이러한 인간들을 '긍지에 찬 인간'이라고 부르면서 극히 선명하게 묘사하고 있습니다.

긍지는 기독교와 민주주의 사회에서는 중요한 덕으로 간주되지 않고 있습니다. 기독교와 민주주의 사회에서는 긍지보다는 겸손이 오히려 더 중요한 덕으로 간주되고 있지요. 이 점에서 우리는 긍지야말로 가장 대표적인 귀족적인 덕이라고 할 수 있습니다. 따라서 우리는 긍지에 찬 인간에 대한 아리스토텔레스의 묘사에서 귀족적인 인간 또는 고귀한 인간의 전형을 볼 수 있습니다.

첫째로, 긍지에 찬 인간은 자신이 고귀한 가치를 갖는 탁월한 인간이라고 생각하는 사람이며 또한 실제로 그러한 인간입니다. 별로 탁월하지도 않은 인간이 자신을 탁월하지 않은 인간으로 인정할 경우에 그는 겸손한 사람이기는 하지만 긍지가 있는 사람은 아닙니다. 이에 반해 탁월하지도 않으면서 자신을 탁월하다고 생각하는 사람은 교만한 사람입니다. 그런데 실제로는 탁월한 사람인데도 자신을 탁월하지 않다고 생각하는 사람은 비굴한 사람입니다. 이런 사람은 공동체가 그의 능력을 절실하게 필요로 하는 상황에서 책임 질 것이 두려워 뒤로 숨는 자입니다. 아리스토텔레스는 긍지를 교만과 비굴 사이의 중용이라고 말했습니다. 자신에 대해서 긍지를 가지려면 먼저 탁월한 능력부터 갖추어야 합니다. 그리고 자신이 탁월한 능력을 지녔다는 사실을 충분히 자각하고 그에 대해서 긍지를 품어야 합니다. 그래야만 사람들이 자신을 필요로 할 때 흔쾌히 책임질 생각을 하면서 나설 수 있습니다.

	탁월함	탁월하지 않음
스스로 탁월하다고 생각	긍지에 찬 사람	교만한 사람
스스로 탁월하지 않다고 생각	비굴한 사람	겸손한 사람

둘째로, 긍지에 찬 인간은 높은 명예나 위대한 명분이 걸려 있는 경우가 아니면 조용히 지켜보는 자세를 취합니다. 그는 좀처럼 어떤 일에 착수하지 않지만, 한다면 위대한 일을 해냅니다. 그는 생존을 절대적인 가치로 생각하지 않기 때문에 위대한 것을 위해서라

면 위험도 두려워하지 않습니다. 그는 자신이 존경하는 고귀한 인간들이 부여하는 명예는 흔쾌히 받아들입니다. 이에 반해 자신이 경멸하는 인간들이 사소한 이유로 주는 명예라면 단칼에 거절하고 그것을 멸시합니다. 그의 명예를 손상시키려 하는 행위에 대해서도 그는 똑같이 경멸하는 태도를 취합니다. 그것은 근거 없는 모욕에 불과한 것이기 때문입니다. 그러나 그는 사실 명예조차도 사소한 것으로 생각합니다. 그는 자신의 탁월함에 대한 깊은 확신을 갖고 자족하고 있기 때문에 다른 사람들의 평가에 연연해 하지 않습니다. 이 때문에 그는 어떤 면에서 교만하게 보이기도 합니다.

셋째로, 그는 전혀 또는 거의 남의 도움을 청하지 않으면서도 기꺼이 다른 사람들을 돕습니다. 그는 다른 사람들에게 도움을 주는 것을 좋아하며 자신이 도움을 받는 것은 수치스럽게 생각합니다. 왜냐하면 도움을 준다는 것은 우월한 인간에 적합한 것이며 도움을 받는 것은 열등한 인간에 적합한 것이기 때문입니다. 따라서, 도움을 받았을 때 그는 나중에 더욱 큰 것으로 보답합니다.

넷째로, 긍지에 찬 인간은 권력자들이나 부자들에게는 위엄 있는 태도를 취하지만 보통 사람들에게는 겸손한 태도를 취합니다. 권력자나 부자에게 당당한 태도를 취하는 것은 천한 것이 아니지만,

사회적인 약자들에게 그런 태도를 취하는 것은 육체적으로 약한 자들에게 완력을 쓰는 것처럼 천한 짓이기 때문입니다.

다섯째로, 긍지에 찬 인간은 자신의 호불호를 공공연히 표명합니다. 왜냐하면 자신의 감정을 숨긴다는 것은 다른 사람들이 자신을 어떻게 생각할지를 걱정하면서 자신의 솔직함을 희생시키는 것이기 때문입니다. 이것은 비겁한 사람들이 하는 행동입니다.

여섯째로, 그는 남에 대한 소문을 말하지 않습니다. 적을 위압하기 위해서 필요한 경우 이외에는 적에 대해서도 나쁜 말을 하지 않습니다. 그는 자신에 대해서도 남에 대해서도 말하지 않습니다. 그는 자신이 찬양받거나 다른 사람들이 비난받는 것에는 관심이 없기 때문입니다. 물론 그는 다른 사람들을 쉽게 찬양하지도 않습니다. 그에게는 찬양할 만한 위대한 것이 극히 드물기 때문입니다. 또한 그는 뒤끝이 없습니다. 아무것도 잊어버리지 않는다는 것은 그의 본질에 합당하지 않기 때문입니다. 특히 불쾌한 일이 문제가 될 때 그는 그것을 무시해 버리고 맙니다.

일곱째로, 긍지에 찬 인간은 위험 앞에서 두 팔을 내저으면서 정신없이 도망치거나 불의를 행하지 않습니다. 그의 발걸음은 조용하며 음성은 깊이가 있고 말하는 것도 침착합니다. 그는 항상 자신에 대해서 깊은 확신을 갖고 자족한 상태로 있기에 어지간한 일에는 성급해하지도 흥분하지도 않습니다. 이에 반해 날카로운 고성과 빠른 발걸음은 사소한 것들도 중시하는 신경질적인 긴장에서 비롯되는 것입니다.

긍지는 용기나 절제 그리고 관대함과 같은 모든 덕을 고귀하게 장식하는 것입니다. 왜냐하면 긍지는 모든 덕에게 보다 위대한 형식을 부여하며 다른 한편으로는 그러한 덕들 없이는 생겨날 수 없기 때문입니다. 따라서 긍지를 갖는 인간이 된다는 것은 참으로 어려운 일입니다. 이를 위해서는 자신의 성격을 고상하고 완전하게 도야하지 않으면 안 됩니다.

말세인은 벼룩처럼
가장 오래 산다

초인과 정반대인 인간이 말세인입니다. 오늘날 현대인의 꿈은 무엇일까요? 대부분의 사람은 안정된 직장을 다니면서 가족과 함께 안락한 가정을 이뤄서 편안하게 살고 싶어 합니다. 니체는 이러한 인간을 말세인 내지 최후의 인간이라고 부릅니다. 말세인은 인간의 타락이 갈 때까지 가서 거의 밑바닥에 이르게 된 인간을 가리킵니다.

이러한 말세인에 비하면 니체는 이원론에 사로잡혀서 치열하게 자신의 욕망을 근절하려고 하는 인간이 더 낫다고 보기도 합니다. 이러한 인간은 병적인 방식이기는 해도 적어도 자신을 극복하

려고 노력하고 있기 때문입니다. 이에 반해 말세인은 자기초극을
위한 모든 노력을 포기하고 몸과 마음의 안락만을 추구하는 인간입
니다. 차라투스트라는 말세인을 이렇게 묘사합니다.

"사람들은 여전히 일한다. 일은 일종의 오락이기 때문이다.
하지만 그들은 이 오락으로 인해 몸이 상하지 않도록 조심
한다.
이제 인간은 가난하게 되지도 않고 부자가 되지도 않는다.
어느 쪽이든 너무나 힘을 쏟아야 하는 것이다. 누가 지금도
여전히 지배하기를 원하겠는가? 누가 복종하겠는가? 둘 다
너무 번거로운 일이다.
목자는 없고 무리만 있구나! 모든 사람은 동일한 것을 원한
다. 모든 사람은 동일하다. 다르게 느끼는 사람은 자발적으
로 정신병원으로 간다.
'예전에는 온 세상이 미쳐 있었다.' 그들 중 가장 총기 있는
자들은 이렇게 말하면서 눈을 깜빡거린다.
사람들은 영리하여 일어난 모든 일을 알고 있다. 따라서 그
들은 끝없이 비아냥거린다. 그들도 다투기는 하지만 이내

화해한다. 그렇지 않으면 위장을 상하게 되기 때문이다."

말세인은 몸과 마음의 평안과 즐거움 그리고 건강을 최우선으로 생각하는 인간들입니다. 이런 사람들은 특정한 종교나 이념에 빠져서 자신을 희생하고 서로를 살육했던 과거의 세상을 미친 세상이라며 비웃습니다. 그리고 자신들이야말로 진정한 행복을 발견했다고 자부합니다. 차라투스트라의 표현을 빌리자면, 말세인들은 "우리는 행복을 만들어 냈다"고 눈을 깜빡거립니다. '눈을 깜빡거린다'는 것은 깊이 생각하는 척하지만 사실은 사색다운 사색을 하고 있지 않는 상태를 가리킵니다.

차라투스트라는 계속해서 말세인에 대해 말합니다.

"그들은 살기 힘든 지역을 떠났다. 사람들에게는 온기가 필요하기 때문이다. 사람들은 여전히 이웃을 사랑하고 이웃과 몸을 비빈다. 온기가 필요하기 때문이다."

말세인들이 살기 힘든 지역을 떠났다는 것은 그들이 고통과 고난을 회피한다는 것을 의미합니다. 서로 초인이 되도록 채찍질하기보다는 서로를 따뜻하게 보살피고 위로합니다. 물론 그들도 자신을 교양인이라고 자부하기 때문에 서로 잘난 체하면서 남을 비방하기도 합니다. 그러나 이들은 이내 화해합니다. 다른 사람들과의 갈등이나 싸움은 마음의 평안을 깨고 건강을 상하게 하기 때문입니다.

말세인들은 낮을 위한 작은 쾌락과 밤을 위한 작은 쾌락을 추구하지만 그러한 쾌락 때문에 건강이 상하지 않도록 조심합니다. 말세인은 때때로 소량의 독을 즐기다가, 마지막에는 다량의 독을 마시고 즐거운 죽음을 맞이합니다. 소량의 독이란 담배나 술과 같은 것을 의미하며, 다량의 독은 '사후에 천국에 갈 수 있다'는 것과 같은 종교적 위안을 의미합니다. 이들은 사실상 이원론적인 종교를 깊이 믿지는 않지만 죽음 후의 세계를 두려워합니다. 따라서 죽을 때는 목사나 신부를 불러 천국에 가리라는 위로의 말을 듣고 싶어 합니다.

니체는 진정한 의미의 행복이란 무엇인지를 『안티크리스트』에서 한 마디로 정의하고 있습니다.

"행복이란 무엇인가? ― 힘이 증가되고 있다는 느낌, 저항을 초극했다는 느낌을 말한다."

행복을 니체처럼 생각하는 사람은 아마도 드물 것으로 여겨집니다. 사람들은 행복을 흔히 '몸과 마음이 편안하고 즐거운 상태'로 봅니다. 이러한 상태도 분명히 행복일 것입니다. 그러나 니체는 이러한 행복은 말세인들이 추구하는 행복이라고 보았습니다. 몇 년 전부터 소확행, 곧 '소소하지만 확실한 행복'이란 말이 유행하고 있지만, 니체가 염두에 두고 있는 말세인들이란 이런 소확행을 쫓는 사람들이라고 할 수 있습니다. 말세인들은 자그마한 쾌락과 행복에 연연해 하면서 그것들을 얻었을 때 만족하는 소시민적인 인간들입니다.

오늘날 한국에서는 많은 청년이 공무원 시험을 준비하고 있습니다. 니체가 만약 이런 현실을 본다면 아마도 '한국에서는 청년들조차도 말세인이 되었구나'라고 생각할 것입니다. 니체는 '몸과 마음의 안락'을 추구하는 사람들은 생명력이 쇠퇴한 자들이라고 봅니다. 생명력이 쇠퇴한 자들은 위험을 피하고 사람들이나 사회와의 갈등도 피하면서 매사에 편한 것을 추구합니다. 이에 반해 생명력이 넘치는 자들은 위험과 모험을 추구하면서 자신의 힘과 위대함을 시험하고 싶어 합니다.

니체는 생명력이 넘치는 청년기란 위험과 모험을 추구하고 그것들과 대결함으로써 자신의 위대함을 느끼고 싶어 하는 패기가 넘치는 시기라고 봅니다. 이에 반해 생명력이 쇠퇴할 때 사람들은 의기소침해져서 몸과 마음이 편한 것을 최고의 가치라고 여기게 됩니다. 따라서 니체는 '몸과 마음의 평안'을 추구하는 정신을 노인의 정신이라고 부릅니다.

차라투스트라는 현대인을 말세인이라고 부르며, 모든 것을 왜소하게 만드는 벼룩 같은 존재라고 말합니다. 차라투스트라는 이렇게 말합니다.

> "보라! 나는 그대들에게 '말세인'을 보여 주겠다.
> '사랑은 무엇인가? 창조는 무엇인가? 그리움은 무엇인가? 별은 무엇인가?' 말세인은 이렇게 물으면서 눈을 깜박거린다. 그러자 대지는 왜소해졌으며 만물을 왜소하게 만드는 말세인이 대지 위에서 뛰며 돌아다닌다. 그의 종족은 벼룩처럼 근절될 수 없다. 말세인이 가장 오래 산다."

말세인은 흡사 자신이 사랑, 창조, 그리움, 이상에 대해서 깊이 사색하는 것처럼 눈을 깜빡거리면서 그것들에 대해서 묻습니다. 그러나 그들은 사실 그런 것들에 대해 아무런 관심도 없습니다. 차라투스트라의 연설이 끝나자 군중은 이렇게 외치면서 차라투스트라를 비웃습니다.

"오, 차라투스트라여, 그 말세인을 우리에게 다오. 우리를 말세인으로 만들어 다오! 그러면 우리는 그대에게 초인을 선사하겠다!"

이를 본 차라투스트라는 자신이 이 군중을 짐승이나 가축이 아닌 새로운 가치를 추구하는 사람, 곧 '목자'라고 생각한 것이 잘못이었음을 깨닫습니다.

광대의 추락과 죽음

　　　　차라투스트라가 연설을 마친 후 모든 사
람의 눈을 놀라게 하는 일이 일어납니다. 광대가 작은 문에서 나와
두 탑 사이에 걸쳐 있는 밧줄을 타기 시작한 것입니다. 이때, 광대가
줄타기를 시작한 탑 속은 전통적인 가치를 뜻하고, 광대가 향하는
두 번째 탑은 초인의 이상을 뜻하는 것으로 볼 수 있습니다. 그가 밧
줄의 중간쯤 다다랐을 때, 익살꾼이 나와서 그를 방해하기 시작합니
다. 익살꾼은 이렇게 말합니다.

　"탑 속에 남아 있는 것이 너에게는 어울려. 넌 탑 속에 갇혀

있어야 하는 건데."

여기서 익살꾼은 광대 속에 존재하는 과거지향적인 성향을 상징한다고 볼 수 있습니다. 광대는 결국 줄에서 떨어지는데, 이는 광대가 과거의 사상을 뛰어넘지 못하고 여전히 그것에 사로잡혀 있었다는 것을 의미합니다.

광대는 죽어가며 차라투스트라에게 "악마가 자신을 지옥으로 끌고 간다"고 말합니다. 악마와 지옥을 언급하는 것으로 미루어 볼 때, 광대는 아직 이원론적 사고에 사로잡혀 있다고 할 수 있습니다. 그런 광대에게 차라투스트라는 악마나 지옥 같은 것들은 존재하지 않기 때문에 두려워할 필요가 없다고 말합니다.

광대는 차라투스트라의 이 말을 듣고, 자신은 사람들이 채찍과 보잘것없는 음식으로 춤추도록 가르친 짐승과 다를 바 없다고 말합니다. 광대는 자신이 그동안 자신에게 강요된 잘못된 세계관과 가치관에 따라서 살았다고 고백하는 것입니다. 그러나 차라투스트라는 광대가 위험한 일을 천직으로 삼고 그로 인해 파멸을 당했으니 전혀 부끄러워할 필요가 없다고 말합니다. 다시 말해 그는 적어도 스스로를 초극하려는 삶을 살았다는 것입니다. 차라투스트라는 그

의 시신을 묻어 주겠다고 약속합니다.

광대를 묻어 주기 위해서 차라투스트라는 시신을 짊어지고 갑니다. 그런데 얼마 안 있어 광대를 밧줄에서 떨어뜨린 익살꾼이 나타나 차라투스트라에게 이 도시를 떠나라고 말합니다. 익살꾼은 '착하고 의로운 사람들'과 '올바른 신앙을 가진 사람들'도 차라투스트라를 미워한다고 말합니다. 이 사람들은 전통적인 가치와 이원론적인 종교를 착실히 믿고 있는 사람들입니다.

차라투스트라는 시신을 짊어지고 가던 중 배고픔을 느낍니다. 늦은 밤 시간에 차라투스트라는 불빛이 새어 나오는 어떤 집의 문을 두들깁니다. 한 노인이 나와서 차라투스트라에게 빵과 포도주를 대접합니다. 빵과 포도주는 예수의 살과 피를 연상시킵니다. 따라서 노인은 여전히 기독교를 독실하게 믿는 사람으로서, 기독교의 가르침인 이웃사랑을 실천하는 사람이라고 할 수 있습니다.

차라투스트라는 식사를 마친 후, 시신을 속이 텅 빈 나무 속에 넣어 두고 그 곁에 눕습니다. 이는 예수가 부활한 날의 묘사와 매우 비슷합니다. 광대는 죽었지만 나름대로 초인을 향해 자신을 초극하다 실패한 사람입니다. 이런 실패는 초인이 탄생하는 데 밑거름이 될 수 있습니다. 차라투스트라는 곧 잠이 듭니다. 육신은 피곤했지만 영혼은 평안했습니다. 여기서 영혼이 평안했다는 것은 자신의 신념이 흔들리지 않았음을 의미합니다.

차라투스트라는 잠에서 일어나 새로운 진리를 깨닫습니다. 그는 다수의 군중이 자신의 이상을 받아들이는 것은 어렵다는 사실을 깨닫습니다. 그리하여 극소수의 탁월한 사람들에게만 자신의 이상을 전하겠다는 결심을 합니다. 차라투스트라는 자신과 함께 창조하고, 수확하고, 축제를 벌일 자를 찾아 나서기로 합니다. 차라투스트라는 이들에게 초인에 이르는 모든 계단을 전부 보여 주려고 합니다.

차라투스트라가 이런 결심을 할 때 정오의 태양이 머리 위에서 빛나고 있었습니다. 하늘에서 새가 날카롭게 우짖는 소리를 들은 차라투스트라는 위를 바라봅니다. 그리고 다음과 같은 광경을 봅니다.

"한 마리 독수리가 커다란 원을 그리면서 허공을 헤치면서 날고 있었고, 한 마리 뱀이 그것에 매달려 있었다. [독수리의] 먹이가 아니라 친구처럼 뱀은 독수리의 목을 감고 있었다."

이 광경을 보고서 차라투스트라는 "저건 나의 동물들이다!"라고 말하면서 진심으로 기뻐합니다. 그 뒤로 독수리와 뱀은 차라투스트라를 수호하면서 따라다닙니다. 독수리는 무엇을 상징할까요? 바로 긍지입니다. 독수리는 떼를 지어 사냥하지 않습니다. 무리에 의존하지 않고 오직 자기 자신만의 힘으로 사냥을 하지요. 또한 독수리는 위를 올려다보지 않고 항상 높은 곳에서 아래를 고고하게 내려다봅니다. 독수리의 이러한 모습에서 우리는 강한 긍지와 자부심을 연상하게 됩니다.

뱀은 지혜를 상징합니다. "뱀처럼 지혜로워라"는 성서의 말도 있지요. 예를 들어 전쟁터의 장군은 적의 속내를 꿰뚫어 보는 지혜를 가져야 하며, 필요한 경우라면 적을 기만할 줄 아는 교활한 지혜도 가지고 있어야 합니다.

독수리와 뱀을 차라투스트라를 수호하는 두 마리 동물이라고 하면서 니체는 우리 인간이 구현해야 할 주요한 덕으로 긍지와 지혜를 내세우고 있다고 볼 수 있습니다. 이에 반해 기독교에서 중시하는 덕은 무엇일까요? 겸손과 신앙이지요. 기독교는 인간이 스스로가 죄인임을 깨닫고 신 앞에서 겸손해야 한다고 가르칩니다. 또한 신 앞에서 자신의 지혜를 주장할 것이 아니라 성서에 쓰여 있는 이야기를 무조건 믿어야 한다고 가르칩니다.

이렇게 겸손과 무조건적인 신앙을 인간이 구현해야 할 덕으로 내세우는 기독교가 자신의 상징으로 내세우는 동물은 무엇일까요? 비둘기나 양이지요. 비둘기와 양을 독수리와 뱀과 비교해 보십시오. 기독교와 니체 철학 사이의 차이가 눈에 선하게 보일 것입니다. 니체가 이렇게 독수리와 뱀을 자신의 철학을 상징하는 동물들로 선택한 것을 보더라도, 그의 철학이 반기독교적인 성격을 띠고 있다는 사실을 알 수 있습니다. 차라투스트라는 뱀과 독수리를 "태양 아래 가장 긍지 높은 동물과 태양 아래 가장 영리한 동물"이라고 부르고 있습니다.

1부

낙타와 사자의 정신을 넘어 아이의 정신으로 살라

" 아이의 정신은 우리가 끊임없이 삶에서 부딪히는
고난과 고통에도 불구하고
삶을 흔쾌하게 긍정하면서 기쁘게 살아가는 정신입니다 "

낙타와 사자의 정신을 넘어
아이의 정신으로

지금까지 우리는 프롤로그 부분을 살펴보았습니다. 여기서부터는 I부의 〈차라투스트라의 설교〉부분을 살펴볼 것입니다. 이 부분은 '얼룩소'라는 도시에 머무르면서 차라투스트라가 펼치는 가르침들로 이루어져 있습니다. 이 부분에는 『차라투스트라는 이렇게 말했다』에서 니체가 말하고 싶어 하는 주요한 사상들이 가장 많이 담겨 있습니다. 따라서 이 부분에 대한 해설이 다른 부분들에 대한 해설보다 더 많은 분량을 갖게 된 것을 양해해 주시기 바랍니다.

I부의 1장은 「세 가지 변화에 대하여」라는 제목이 붙어 있습니

다. 이 장은 『차라투스트라는 이렇게 말했다』에서 가장 유명한 장입니다. 아마 여러분도 "인간의 정신이 낙타의 정신에서 사자의 정신으로, 사자의 정신에서 아이의 정신으로 발전해 간다"는 니체의 말을 한 번쯤은 들으셨거나 읽으셨을 것입니다.

낙타를 생각하면 어떤 모습이 떠오르시나요? 낙타는 주인이 아무리 무거운 짐을 지우더라도 말없이 짊어집니다. 낙타는 인내와 복종을 상징하는 동물입니다. 차라투스트라는 낙타의 정신을 이렇게 묘사합니다.

> "정신에게는, 곧 외경심이 깃들어 있는 강하고 인내심 많은 정신에게는 많은 무거운 것이 있다. 정신의 억센 힘은 무거운 것, 가장 무거운 것을 요구한다.
> 무엇이 무거운가? 인내심 많은 정신은 그렇게 물으면서, 낙타처럼 무릎을 꿇고 짐을 듬뿍 지려고 한다.
> 그대들 영웅들이여, 무엇이 가장 무거운가? 나는 그것을 짊어지고 나의 강함을 즐길 것이다. 인내심 많은 정신은 그렇게 말한다."

여기서 낙타가 짊어지는 짐은 이원론적인 전통종교나 철학이 요구하는 여러 가지 의무와 계율입니다. 기본적으로 욕망을 근절하여 욕망에서 벗어난 순수영혼을 실현해야 한다는 계율을 가리킵니다. 이러한 짐은 '천년이나 나이 먹은 전통적인 가치들'입니다. 낙타의 정신은 이러한 가치들을 인간 자신이 창조한 것이 아니라 인간에게 이미 주어져 있는 것으로 생각합니다.

낙타는 이러한 가치들을 자신에게 부여한 자를 공경하고 두려워합니다. 이러한 가치들을 낙타에게 부여한 자는 전통적으로 신이라고 불려 왔습니다. 신을 믿지 않는 사람들에게는 양심이나 관습 혹은 신격화된 국가나 권력자라고 할 수 있습니다. 낙타의 정신은 자신이 실현해야 할 가치들이 신이나 양심 그리고 관습에 의해 이미 주어져 있다고 여깁니다. 그리고 그렇게 이미 주어져 있는 가치들은 절대로 변경이 불가능한 신성한 것이라 생각합니다.

이 낙타의 정신은 개인의 차원에서는 부모님이나 선생님들이 주입하는 가치들을 신성한 것으로 받아들이던 유소년기의 정신을 상징합니다. 유소년기에는 부모님이나 선생님들이 주입하는 가치들에 대해서 의심하지 않습니다. 자신이 그러한 가치들을 제대로 실현하지 못할 경우에도 우리는 그것들이 과연 참된 가치들인지를 묻기보다는 그것들을 실현하지 못한 자신을 책망합니다. 낙타의 정신은 서양의 역사라는 차원에서 볼 때는 영원불변한 가치들이 존재하며 이것들을 신성한 존재인 신이 인간에게 부여했다고 믿었던 중세 시대를 가리킵니다.

낙타의 정신은 신성한 가치들과 이것들을 부과한 신적인 존재에 비하면 자신은 한없이 부족하다고 여깁니다. 따라서 낙타의 정신은 자신의 오만함에 상처를 주고 자신을 낮추며 자신의 지혜를 조롱하고 자신을 어리석은 것으로 간주합니다. 이 낙타는 가장 무거운 짐을 싣고 사막을 달립니다. 여기서 사막은 낙타의 정신이 살고 있는 척박한 삶을 가리킵니다. 이러한 삶은 아무런 기쁨도 없이 자신에게 부과된 의무와 계율을 지키는 데만 고독하게 몰두하는 삭막한 삶입니다.

그러나 더없이 고독한 사막에서 두 번째 변화가 일어납니다. 거기에서 낙타는 사자가 됩니다. 사자는 자유를 탈취하여 자신이 삶의 주인이 되려고 합니다. 그는 자신의 주인과 싸워 승리를 쟁취하려고 합니다. 이 주인을 차라투스트라는 거대한 용이라고 부르고 있습니다. 차라투스트라의 수호동물인 뱀은 허물을 벗으며 계속해서 성장하는 존재지만, 용은 딱딱한 비늘 속에 갇혀 있는 변화가 없는 동물입니다. 용은 자신이 인간에게 내린 의무와 계율을 절대적인 불변의 것으로 간주하면서 인간이 그것들을 어기면 엄하게 단죄하는 완고한 신적인 존재를 가리킵니다. 이 용은 이렇게 외칩니다.

"모든 가치가 이미 창조되어 있고, 창조되어 있는 모든 가치,
그것은 바로 나다."

사자의 정신은 신과 신이 내려준 신성한 가치들에 대항하는 정신입니다. 사자는 낙타가 소중히 여기던 가치들을 더 이상 신성한 것으로 받아들이지 않고 그것들에 대항하여 자신의 힘을 펼치고 싶어 합니다. 따라서 사자의 정신은 전통적인 신성한 가치들에서 발하는 "너는 마땅히 해야 한다"라는 명령을 거부하면서 "나는 원한다"라고 외칩니다.

사자의 정신은 개인의 차원에서는 반항기에 접어든 청년의 정신을 상징합니다. 청년기에 우리는 사회가 우리에게 주입한 가치들에 대해서 회의하고 저항하며 더 이상 신성하고 영원불변한 것으로 여기지 않게 됩니다. 사자의 정신은 서양의 역사라는 차원에서 볼 때, 영원불변한 신적인 가치들이 존재한다는 사실에 대해서 회의하

게 된 근대를 가리킵니다.

사자의 정신은 전통적인 명령과 의무로부터 해방되었지만, 그를 대체할 어떠한 새로운 가치도 창조하지 못한 채 방황하는 정신이기도 합니다. 사자는 신을 부정하고 전통적인 종교와 도덕의 절대적 권위를 붕괴시켰지만, 이것을 대신할 가치의 부재로 인하여 허무감에 시달리는 근대의 정신입니다. 이러한 정신상태를 니체는 니힐리즘, 곧 허무주의라고 부릅니다. 니체는 인간이 가장 견디기 힘든 상태가 삶에 아무런 의미도 가치도 없다고 생각하는 상태라고 보았습니다. 우리는 어떠한 고통도 견뎌 내야 할 의미가 있다면 견뎌 낼 수 있습니다. 그러나 어떤 고통을 견뎌 내는 것이 아무런 의미도 없다면 우리는 그 고통 앞에서 쉽게 무너져 버릴 것입니다.

사자가 니힐리즘의 상태를 극복하기 위해서 실현해야 할 새로운 가치를 차라투스트라는 아이의 정신이라고 부릅니다. 아이의 정신은 우리가 끊임없이 삶에서 부딪히는 고난과 고통에도 불구하고 삶을 흔쾌하게 긍정하면서 기쁘게 살아가는 정신입니다. 보통 아이들은 어른보다 즐겁고 재미있게 삽니다. 아이들에게는 사는 것 자체가 놀이지요.

그렇다고 해서 니체가 문자 그대로의 의미에서 우리가 다시 아이의 상태로 되돌아가야 한다고 주장하는 것은 아닙니다. 아이들은 외부의 고난에 무력하기에 부모의 보호를 받아야 합니다. 이에 반해 우리는 고난과 고통을 스스로의 힘으로 극복해 나가야 합니다. 그러한 고난과 고통에도 불구하고 인생을 유희하듯이 긍정하면서 사는 정신이 차라투스트라가 이야기하는 아이의 정신입니다.

아이의 정신은 낙타의 정신이 겪고 있는 죄책감이나 양심의 가책으로부터도, 사자의 정신이 겪고 있는 삶의 허무감으로부터도 자유로운 무구한 상태를 상징합니다. 아이의 정신은 인생을 춤추듯이, 유희하듯이 사는 정신입니다. 우리가 춤에 흠뻑 빠져 있을 때, 혹은 놀이에 빠져 있을 때, 매 순간은 의미와 기쁨으로 충만해 있습니다. 매 순간은 계속해서 변하지만 이러한 변화 속에서 우리는 전통형이상학이나 기독교에서 말하는 것처럼 덧없음을 경험하는 것이 아니라 오히려 충만함을 경험합니다. 이 상태에서는 아무런 죄의식도, 허무감도 없습니다. 매 순간 영원에 비할 수 있는 충만을 경험할 뿐입니다.

차라투스트라는 아이의 정신을 이렇게 묘사합니다.

"아이는 무구이고 망각이며, 새로운 시작, 유희, 스스로 돌아가는 수레바퀴, 최초의 운동, 성스러운 긍정이다.

그렇다, 나의 형제들이여, 창조의 유희를 위해서는 성스러운 긍정이 필요하다. 이제 정신은 자신의 의지를 원하고, 세계를 상실했던 자는 자신의 세계를 획득한다."

니체는 아이의 정신이 미래를 지배하기를 바랍니다. 타율적이고 심각하기 그지없는 낙타의 정신은 반항적이고 전투적인 사자의 정신으로 변화되고, 이러한 반항과 분노의 정신은 다시 놀이와 기쁨의 정신인 아이의 정신으로 변화됩니다.

나는 전적으로 육체다

니체는 「육체를 경멸하는 자들에 대
하여」라는 장에서, 이원론의 입장에서 육체를 경멸하는 자들을 비
판하고 있습니다. 플라톤주의자나 기독교인들과 같은 이원론자들
은 육체와 그것에 부속되어 있는 갖가지 욕망과 충동이 우리를 미
혹으로 이끌고 간다고 봅니다. 따라서 그들은 육체적인 욕망과 충
동을 부정하고 근절해야 한다고 주장합니다. 그들은 이렇게 욕망과
충동에서 온전히 벗어난 순수영혼의 상태가 될 경우에만 지복이 넘
치는 천상세계에 들어갈 수 있다고 말합니다. 이렇게 육체를 경멸
하면서 인간의 진정한 본질은 순수한 영혼이라고 주장하는 자들에

게, 차라투스트라는 "육체가 전부다"라고 단호하게 말합니다. 차라투스트라의 말을 들어 보지요.

> "나는 전적으로 육체요, 그 외의 아무것도 아니다. 영혼은 단지 육체에 속하는 어떤 것을 가리키는 말일 뿐이다.[…] 나의 형제여, 그대가 '정신'이라고 부르는 그대의 작은 이성도 육체의 도구, 곧 그대의 커다란 이성의 작은 도구이자 장난감에 불과하다."

데카르트와 같은 철학자는 인간의 이성과 육체는 본질적으로 다르다고 보면서 육체를 기계와 같은 것으로 생각했습니다. 그러나 차라투스트라는 육체를 기계와 같은 것으로 보지 않습니다. 그는 오히려 육체를 가장 현명한 자, 커다란 이성이라고 부릅니다. 우리가 보통 갖가지 생각이 비롯되는 장소로서 '정신'이라고 부르는 것은 작은 이성에 불과하며 육체라는 커다란 이성의 도구이자 장난감이라고 말합니다.

도대체 차라투스트라는 육체라는 것으로 무엇을 생각하는 것일까요? 차라투스트라가 육체로 염두에 두고 있는 것은 힘에의 의지입니다. 니체는 우리 안에 우리 자신으로 하여금 끊임없이 강하고 위대한 존재가 되도록 몰아 대는 의지가 있다고 합니다. 니체는 이 충동을 힘에의 의지라고 부릅니다. 니체는 이러한 힘에의 의지가 우리가 보통은 의식하지 않지만 우리의 감각과 생각을 규정하는 진정한 자기라고 보았습니다. 그것은 우리가 무엇을 지각하고 어떤 생각을 해야 하는지를 규정합니다. 이런 의미에서 니체는 차라투스트라의 입을 빌려 이렇게 말합니다.

"감각과 정신은 도구이자 장난감이다. 그것들 뒤에는 여전히 자기das Selbst가 있다. 이러한 자기는 감각의 눈으로도 찾고 정신의 귀로도 듣는다. 자기는 항상 들으며 찾는다. 그것은 비교하고, 강요하고, 정복하고, 파괴한다. 그것은 지배하며, 또한 우리가 나라고 말하는 것Ich의 지배자이기도 하다. 나의 형제여, 그대의 사고와 감정의 배후에는 강력한 명령자, 알려지지 않은 현자가 있다. 그것이 자기다. 그것은 그대의 육체 속에 거주하고 있고, 그것이 바로 그대의 육체다."

여기서 차라투스트라가 말하려고 하는 것을 단번에 이해하기는 어렵습니다. 저는 니체의 삶을 예로 하여 차라투스트라가 무엇을 말하고 싶어 하는지를 분명히 밝혀 보겠습니다.

우리는 니체가 대학교수직을 수행하지 못할 정도로 병마에 시달렸다는 사실을 보았습니다. 그런데 니체는 자신의 병을, 자신으로 하여금 보다 높은 삶을 살도록 자기 내면의 힘에의 의지가 선사한 것이라고 보고 있습니다. 니체는 고전문헌학 교수였지만 교수가 되기 전부터 이미 고전문헌학에 염증을 느끼고 있었습니다. 고전문헌학은 두더지 같이 그리스와 로마의 고전문헌만 파고들 뿐 새로운 가치를 창조하지 못하기 때문이었지요. 니체는 철학과 같은 학문이 새로운 가치를 창조할 수 있는 학문이라고 생각합니다. 따라서 니체는 고전문헌학 대신에 철학을 연구하고 가르치고 싶다는 청원을 대학에 제출했지만 거절당했습니다.

병마에 시달리지 않았더라면 니체는 계속해서 대학에 남아 고전문헌학을 연구하고 가르칠 수밖에 없었을 것입니다. 이런 의미에서 니체는 자신의 병을 두고, 자기 내면의 힘에의 의지가 자신을 고전문헌학으로부터 벗어나게 하기 위해 만들어 낸 것이라고 생각합니다. 보다 구체적으로 말하면 니체 내면의 힘에의 의지가 고전문헌학 교수로 지내는 일을 무의미하다고 느끼게 하면서 내면에 불만과 짜증을 쌓이게 했다는 것이며, 이렇게 축적된 불만과 짜증이 갖가지 병으로 나타났다는 것입니다.

　이런 의미에서 차라투스트라는 힘에의 의지로서의 육체를 맹목적인 것이 아니라 가장 현명한 자, 커다란 이성이라고 부른 것입니다. 니체는 병마에서 벗어나기 위해서 어떻게 할 것인가를 고민했을 것입니다. 그리고 고전문헌학 교수직을 포기하기로 결단을 내렸겠지요. 이렇게 여러 가지로 고민하는 것이 우리가 흔히 정신이라고 부르는 작은 이성입니다. 작은 이성은 힘에의 의지가 지향하는 것을 실현시키기 위한 계획이나 구체적 전략을 짜는 이성적 능력입니다. 그러나 작은 이성으로 하여금 이러한 고민을 하도록 몰아 댄 것은 끊임없이 자신의 고양과 강화를 추구하는 힘에의 의지입니다.

　힘에의 의지가 니체에서뿐 아니라 우리 모두의 내면에서 어떤 식으로 작용하는지를 우리는 바로 앞에서 살펴본 '정신의 세 가지 변화'를 예로 하여 고찰할 수도 있습니다. 정신은 어느 순간 낙타의 정신에서 사자의 정신으로 변화합니다. 이러한 과정은 낙타 내부에 존재하는 힘에의 의지가 낙타의 정신 상태로 존재하는 것을 더 이상 참을 수 없게 되기 때문에 일어납니다. 힘에의 의지는 자신을 고양시키고 강화시키고 싶어 하지만, 낙타의 정신이 신봉하는 전통적인 가치들이 그것을 계속해서 막고 있습니다. 이 와중에 정신의 내부에는 무의식적으로 불만이 쌓여 가고 그러한 불만이 전통적인 가치들에 대항하는 사자의 정신으로 나타납니다.

낙타의 정신과 사자의 정신 각각이 지각하고 사고하는 것들은 서로 완전히 다릅니다. 낙타의 정신은 신이 가치 있다고 규정하는 것들을 주로 지각하고 사고할 것입니다. 이에 반해 사자의 정신은 그러한 질곡에서 벗어나 자유로운 지각과 사고를 추구합니다. 이렇게 지각과 사고가 달라지는 것은 낙타의 정신과 사자의 정신 각각을 규정하는 힘에의 의지의 수준과 성격이 서로 다르기 때문입니다. 낙타의 정신에서 지배하는 힘에의 의지는 자기 외부의 신적인 것에 의지하려는 병약한 힘에의 의지입니다. 이에 반해 사자의 정신에서 지배하는 힘에의 의지는 스스로의 힘으로 서려는 강인한 힘에의 의지입니다.

차라투스트라는 작은 이성을 피상적인 자아Ich라고 부르며, 힘에의 의지로서의 커다란 이성을 진정한 자기das Selbst라고 부릅니다. '자아'는 자신을 '나'라고 생각하는 의식적인 정신인 반면에, '자기'는 의식되지 않는 육체, 스스로를 고양시키고 성장시키려는 힘에의 의지입니다. 데카르트가 "나는 생각한다, 고로 나는 존재한다"고 말할 때의 '나'는 작은 이성에 불과합니다. 힘에의 의지는 '자아'처럼 "이 게 나다"라고 굳이 말하지 않고서도 실질적으로 자아의 주인으로 작용합니다. 차라투스트라는 이렇게 말합니다.

"자기는 '나'에게 말한다. '여기에서 고통을 느끼라!' 그러 면 '나'는 거기서 고통을 당하면서 더는 고통받지 않으려면 어떻게 해야 하는가를 곰곰이 생각한다. 그리고 바로 그것 을 위해서 생각해야 한다."

니체의 이러한 사상은 무의식이 인간의 의식적인 생각과 행동 을 규정한다는 프로이트의 사상을 선취하고 있습니다.

열정의 승화, 사나운 들개가
사랑스러운 새가 되다

육체를 경멸하는 자들은 자신
들이 인간을 냉정하고 객관적으로 고찰한 결과, 육체는 불순하고 타
락한 것이며 순수 영혼만이 인간의 참된 본질이라는 사실을 발견하
게 되었다고 주장합니다. 그러나 차라투스트라는 이렇게 말합니다.

"그대들 육체의 경멸자들이여, 그대들의 어리석음과 경멸
속에서도 그대들은 그대들의 자기에 봉사하고 있다. 내가
그대들에게 이르노니, 그대들의 자기 자체가 죽음을 원하
고 삶에 등을 돌려 버렸다고."

차라투스트라는 육체를 경멸하는 자들이 사실은 그들 자신조차 의식하지 못하는 내면의 '자기'가 죽음을 원하기 때문에 육체를 경멸하게 되었다고 말합니다. 그들의 '자기'가 생성 소멸하는 현실과 육체를 감당하기에는 허약하고 지쳐 있기에, 그들은 이른바 영원 불변의 영혼과 천상의 세계를 진정한 실재로 간주하게 되었다는 것입니다. 여기서 그들의 '자기'는 그들 내부의 허약하고 병든 힘에의 의지입니다. 그들의 힘에의 의지가 허약하고 병들어 있기에 그들은 고통과 고난이 존재하지 않고 평온만이 존재하는 천상의 세계를 희구합니다. 그리고 우리를 격정으로 몰고 가는 모든 욕망과 충동에서 벗어나 순수 영혼이 되고 싶어 합니다.

이원론적인 인간관이나 세계관은 인간과 세계에 대한 이성적인 통찰을 통해서 형성된 것이 아니라 병약한 힘에의 의지에 의해서 이원론적으로 사고하도록 규정된 것입니다. 따라서 차라투스트라는 육체를 경멸하는 자들을 향해 "자신들의 어리석음과 경멸 속에서도 그들의 병든 자기에 봉사하고 있다"고 말하고 있습니다. 그러나 육체를 경멸하는 자들은 자신들의 힘에의 의지가 병들어 있기에 순수 영혼과 천상의 세계를 희구하게 되었다고 고백하지 않습니다. 이들 역시 다른 인간들에 대해서 우월감을 느끼고 싶어 하기 때문에 거짓말을 지어냅니다. 이들은 육체가 얼마나 악하며 이 현실이 얼마나 덧없고 고통에 가득 차 있는지, 반면에 천상의 세계는 얼마나 행복한지를 입증하려고 합니다.

이와 함께 이들은 지상의 삶과 육체를 덧없고 거짓된 것으로 단죄하는 자신들이야말로 진정으로 참된 삶을 사는 자들이라 생각하면서 자존심을 지킵니다. 이들은 자신들을 선한 자들이라 찬양하고, 지상에서의 삶을 긍정하면서 즐기는 건강한 자들을 타락한 자들이라 비난합니다. 그러나 차라투스트라는 지상에서의 삶과 육체에 대한 그들의 경멸에서 오히려 건강한 '자기'를 구현한 자들에 대한 시기와 질투를 봅니다. 차라투스트라는 이렇게 말합니다.

"그대들은 삶과 대지에 분노한다. 그대들의 흘겨보는 경멸의 시선 속에는 무의식적인 질투가 깃들어 있다."

차라투스트라는 「배후세계론자에 대하여」라는 장에서 자신도 한때는 모든 배후세계론자와 마찬가지로 인간의 피안, 곧 이상세계에 있는 신에 대한 환상을 품고 있었다고 고백합니다. 배후세계론자는 끊임없이 생성 소멸하는 지상 세계의 배후에 영원불변의 참된 세계나 신이 존재한다고 믿는 사람입니다. 그러나 차라투스트라는 이 신이 "모든 신과 마찬가지로 인간이 만들어 낸 것이었으며 인간의 환상이었다"고 말합니다. 이 신은 특히 가장 초라한 인간들이 만들었습니다. 가장 초라한 인간이란 지상의 삶에서 겪는 고통을 스스로의 힘으로 극복할 수 있는 능력이 결여된 인간을 가리킵니다. 이들은 신이나 천국과 같은 환상을 만들어 자신들의 괴로움과 무능력에서 도피하려고 합니다.

그러나 차라투스트라는 이렇게 삶에 지치고 병들어 있는 자들에게도 건강한 힘에의 의지가 잠재해 있다고 봅니다. 따라서 차라투스트라는 그들이 이러한 건강한 힘에의 의지를 되살려서 병으로부터 치유되기를 바랍니다. 이런 의미에서 차라투스트라는 이들에게 건강한 육체의 소리에 귀를 기울이라고 말합니다. 이 말은 그들에게 깃들어 있는 "건강한 힘에의 의지에 따르라"는 것을 의미합니다.

'건강한 힘에의 의지에 따른다'는 것은 구체적으로 무엇을 의미할까요? 그것은 이원론자들처럼 우리의 충동들과 욕망들을 불순한 것으로 단죄하면서 그것들을 근절하려고 하는 것이 아니라, 그것들을 건강한 덕으로 승화시키는 것을 의미합니다. 차라투스트라는 「기쁨과 열정에 관하여」라는 장에서 이러한 충동들과 욕망들을 열정이라고 부르고 있습니다. 차라투스트라는 이러한 열정들은 이원론자들에 의해서 악으로 간주되고 있지만 건강한 자들에게는 덕의 원천이 된다고 봅니다.

건강한 자들은 예를 들어 성욕을 남녀 간의 사랑으로 승화합니다. 또한 명예욕과 승부욕이라는 자연스러운 욕망을 자신보다 약한 상대가 아니라 최소한 자신과 대등한 자와 겨루려는 욕망으로 승화시킵니다. 아울러 이들은 명예욕과 승부욕을 상대방을 근거 없이 헐뜯고 음해하는 비열한 방식으로 구현하는 것이 아니라 상대방을 존중하는 기품 있는 방식으로 구현하려고 합니다. 차라투스트라는 이렇게 말합니다.

> "결국 그대의 모든 열정은 덕이 되었으며 그대의 모든 악마가 천사가 되었다.
> 일찍이 그대는 그대의 지하실에서 사나운 들개를 길렀다.
> 그러나 그것들은 결국 새들로, 사랑스러운 가희歌姬로 변했다."

니체는 흔히 이성을 무시하고 열정을 중시하는 철학자라고 알려져 있습니다. 그러나 니체도 우리가 열정에 눈이 멀어서 돌이킬 수 없는 화를 초래할 수 있다는 사실을 인정합니다. 따라서 니체도 열정의 무분별한 발산을 주장하는 것이 아니라 열정의 정신화, 곧 승화를 주창합니다. 그러나 이원론에 입각한 전통도덕은 열정이 갖는 어리석음에만 주목하면서 열정 자체와 싸우고 열정을 근절하려고 했습니다.

니체는 이렇게 열정을 적대시하고, 그것을 뿌리 뽑으려고 가장 적극적으로 나선 것이 기독교라고 보고 있습니다. 기독교는 특히 성욕과 관련하여 우리가 이웃집 여인을 보고 마음이 동할 경우, 곧 우리의 눈이 죄를 지을 경우, "그것을 빼 버려라"(마태복음 5:29)라고 말합니다. 교회는 어느 시대에나 관능, 긍지, 지배욕, 소유욕, 복수심과 같은 것을 근절하는 데에 계율의 중점을 두었습니다. 그러나 니체는 이러한 정열들이야말로 삶의 지반을 형성하고 있다고 보았습니다. 따라서 그러한 정열들을 근절하려 한다는 것은 삶을 뿌리부터 공격한다는 것을 의미합니다. 특히 성욕을 불결한 것으로 파악하는 기독교적인 도덕은 성관계에 의해 시작되고 이어지는 우리의 삶에 오물을 퍼붓고 있습니다. 이런 의미에서 니체는 기독교적인 도덕은 삶에 대한 원한에 사로잡혀 있다고 보고 있습니다.

니체는 단순히 정열과 욕망이 갖는 어리석음과 그러한 어리석음이 초래하는 바람직하지 못한 결과를 예방하기 위해서 정열과 욕망을 근절한다는 것이, 치통을 막기 위해서 이빨을 뽑아 버리는 것처럼 어리석은 짓이라고 봅니다. 니체는 또한 자신의 욕망을 적절히 통제하고 승화시킬 수 있는 힘이 결여된 자들만이 자신의 욕망을 악으로 단죄하고 근절하려고 한다고 보았습니다. 노쇠한 인간들의 경우에는 어차피 삶의 지반인 열정이 사그라졌기 때문에 굳이 금욕해야 할 이유도 없습니다. 또한 성욕을 비롯한 열정을 자유롭게 통제할 수 있는 자는 굳이 열정과 싸우고 그것을 제거하려 노력할 이유도 없습니다. 다만 성욕과 같은 열정에 시달리면서 그것을 자유롭게 지배할 수 없는 자들만이 그것을 제거하려는 극단적인 전략을 구사합니다.

차라투스트라는 II부의 「숭고한 자들에 대하여」라는 장에서 자신의 열정을 근절하면서 선한 자가 되려고 진지하게 노력하는 자를 숭고한 자라고 부릅니다. 이런 사람에 대해서 차라투스트라는 이렇게 말합니다.

"그는 아직 웃음과 아름다움도 배우지 못했다. […]
그는 야수들과의 싸움에서 돌아왔다. 그러나 그의 엄숙함

으로부터 아직도 야수가, 극복되지 않은 한 마리 야수가 내
다보고 있다!

달려들려는 한 마리 호랑이처럼 그는 여전히 그 자리에 서
있다. 그러나 나는 이렇게 긴장한 영혼을 좋아하지 않는다.
이렇게 도사리고 있는 것들은 나의 취미에 맞지 않는다."

차라투스트라는 이렇게 숭고한 사람이 자신의 숭고함에 염증
을 느끼고 웃는 것을 배웠을 때에야 비로소 그의 아름다움이 솟아오
를 것이라고 말합니다.

창백한 범죄자

『차라투스트라는 이렇게 말했다』에서 「창백한 범죄자에 대하여」라는 장은 가장 이해하기 어려운 장으로 꼽힙니다. 이 장을 이해하기 위해서는 『우상의 황혼』이란 책의 「어느 반시대적 인간의 편력」 45절에서 니체가 펼치는 범죄자에 대한 분석을 먼저 살펴볼 필요가 있습니다.

니체에 따르면 범죄자는 병들어 있는 강한 인간입니다. 범죄자는 기존 사회의 도덕을 부정할 정도로 활력이 넘치지만, 곧장 자신을 억압하면서 자신에 대한 의심과 공포 그리고 수치를 느낍니다. 그가 가장 잘 하는 일, 가장 하고 싶은 일은 기존 사회의 도덕에 반하는 성격을 가지고 있습니다. 그는 그런 일을 오랫동안 긴장 속에서 남몰래 하면서 마지막에는 활력을 상실하게 되고 맙니다. 그는 자신의 본능으로 인해서 박해를 당하기 때문에 자신의 본능과 열정을 적대시하게 됩니다. 그는 자신이 그러한 본능을 타고났다는 것을 자신의 숙명적인 불행으로 생각합니다. 사람들이 길들여지고 거세된 사회에서는 이렇게 활력이 넘치는 인간이 범죄자로 퇴락하고 맙니다.

물론 강한 인간들 중에서는 범죄자로 낙인찍히지 않는 천재적인 인간도 있을 수 있습니다. 그러한 사람의 예로 니체는 나폴레옹을 들고 있습니다. 나폴레옹은 강한 활력과 본능을 가지고 태어났으면서도 사회보다도 더 강한 인간이며, 다른 범죄자들보다는 훨씬 더 자유롭고 위험한 존재입니다. 이런 의미에서 니체는 예외적이고 강한 범죄자를, 자신의 강한 본능을 감당하지도 승화시키지도 못한 채 파괴적인 충동으로 분출하는 유약한 범죄자와 구분하고 있습니다. 예외적이고 강한 범죄자들은 기존의 문화를 파괴하면서 동시에 새로운 문화를 창조하는 천재들입니다. 반면에 유약한 범죄자는 자신의 강한 본능과 활력을 통제하지 못하여 문명을 파괴하기만 하는 자들입니다.

그러나 니체는 준법정신이 투철한 시민이 범죄자에 비해 더 병들어 있을 수 있다고 봅니다. 준법정신이 투철한 시민들은 새로운 삶의 양식을 창조할 수 있는 야성적인 생명력이 결여되어 있기 때문입니다. 이에 반해 범죄자는 유약한 범죄자라도 그 안에 창조의 잠재력을 갖고 있습니다.

니체는 범죄자에 대한 자신의 분석을 뒷받침하기 위해서 도스토옙스키를 끌어들입니다. 도스토옙스키는 황제 암살 음모에 휘말려 시베리아에서 유형 생활을 한 적이 있습니다. 유형 생활을 하고 있던 동안 도스토옙스키는 시베리아의 죄수들이 러시아에서 가장 훌륭하고 가장 가치 있는 소질을 가진 인간들이라는 사실을 발견했습니다. 그러나 이들은 자신들을 범죄자로 여기면서 쓸모없고 더러운 존재라고 생각합니다. 그들이 이렇게 자신을 범죄자로 느끼는 것은 사회에서 존중받는 모든 가치와 그들 사이를 갈라놓는 무서운 간극을 느끼기 때문입니다. 따라서 그들의 행동과 생각은 음지의 색채를 띠고 있습니다. 그들의 모든 것은 햇빛을 받고 사는 사람들의 경우보다도 더 창백합니다.

그러나 니체는 오늘날 우리가 탁월한 것으로 간주하는 거의 모든 것들이 이전에는 음지에 있는 것처럼 창백한 것이었다고 봅니다. 과학자, 예술가, 천재, 자유정신, 배우, 상인, 발명가 등이 다 그렇습니다. 정신의 모든 혁신자는 한동안은 범죄자라는 저 창백한 숙명적 낙인을 이마에 찍고 다닙니다.

니체는 범죄자 및 천재와 대립되는 존재를 성직자로 봅니다. 그는 성직자가 최고의 인간유형으로 간주되는 한, 모든 가치 있는 인간은 멸시를 받게 된다고 말합니다. 그러나 니체는 성직자가 최하의 인간유형으로, 곧 가장 거짓말 잘하는 비천한 인간으로 간주될 때가 멀지 않았다고 말하고 있습니다.

「창백한 범죄자에 대하여」라는 장은 이렇게 시작됩니다.

"그대들 재판관들이여, 희생 제물을 바치는 자들이여! 그대들은 제물이 될 짐승이 머리를 끄덕이기 전에는 죽이지 않으려 하는가? 보라! 창백한 범죄자가 머리를 끄덕였다. 그의 눈에서는 커다란 경멸이 말하고 있다.

'나의 자아는 초극되어야만 하는 어떤 것이다. 나의 자아는 나에게는 인간에 대한 커다란 경멸이다.' 이렇게 그의 눈은 말하고 있다.

그가 스스로를 재판한 것은 그의 최고의 순간이었다. 이 숭

고한 인간을 다시금 자신의 저열한 상태로 되돌아가게 하
지 마라."

여기서 '재판관들'은 전통적인 도덕과 이원론에 사로잡힌 자들
이고, '창백한 범죄자'는 전통적 도덕을 초극하려고 했지만 실패한
자입니다. 그는 강도짓을 하다가 살인을 저질렀지만, 차라투스트라
는 그러한 행위의 이면에는 전통적인 도덕을 넘어서 자신의 활력을
분출하려는 힘에의 의지가 있었다고 봅니다.

차라투스트라는 그 살인자가 죄책감에 사로잡히기 전에, 곧 자
신이 '죄인'임을 시인하기 전에 차라리 그를 죽이는 것이 낫다고 말
합니다. 살인자의 눈은 자신이 기존의 도덕을 따르고 있던 자신의
자아를 극복해야 했다고 말하고 있습니다. 이렇게 스스로를 초극해
야 한다는 생각을 갖는 것이 바로 '자기 자신을 재판하는 것'이며, 그
순간이 바로 최고의 순간이 됩니다. 하지만 재판관은 그를 자기초
극을 위해 노력한 인간이 아니라 저열한 범죄자로 취급하려 하고 있
습니다.

여기서 오해하지 말아야 할 점은, 니체가 살인이나 강도짓을
정당화하려는 것이 아니라는 점입니다. 공동체를 위협하는 살인은

니체에게도 잘못된 행위입니다. 다만 니체는 그 살인자가 '죄인'이라고 생각하지 않습니다. 그는 자기 자신을 고양시키려는 과정에서 방법을 잘못 선택하여 살인을 저지르고 만 것입니다. 그 살인자는 죄를 저지르려고 한 것이 아니라 자기를 고양시키려고 했던 것입니다. 다만 그가 자신을 고양하는 방법을 살인에서 찾았던 것에 문제가 있었을 뿐입니다. 따라서 그는 '죄인'이나 '악한'이 아니라 '병자'이고 '바보'입니다.

범죄자가 자신을 고양하는 방법으로 살인을 택한 것은 그의 육체가, 다시 말해 그의 힘에의 의지가 병들어 있기 때문입니다. 그는 자신의 열정들을 제대로 통합할 수 없을 정도로 병들어 있습니다. 차라투스트라는 이렇게 말합니다.

"이 사람은 무엇인가? 사나운 뱀의 무리다. 뱀이 서로 화목하게 지내는 경우는 드물다. 이때 뱀은 따로따로 떨어져 나가 세계에서 먹이를 찾는다."

여기서 사나운 뱀은 열정을 상징하고, 뱀의 무리는 서로 통합되지 못하고 갈등하는 열정들을 상징합니다. 열정들을 제대로 통합하고 긍정적인 방향으로 승화시킬 수 없었던 육체는 고통에 시달립니다. 그러자 이 병든 육체에 상응하는 빈약한 영혼은 자신이 겪고 있는 고뇌와 욕망을, 살인을 통해 쾌락을 맛보고 싶어 하는 것으로 오해했습니다. 이를 차라투스트라는 행위 이전의 광기라고 부릅니다.

그러나 행위를 저지른 후에 범죄자는 자신의 행위가 강탈을 목적으로 한 것이라 해석합니다. 이러한 해석은 사실은 '재판관들'이 대표하는 사회가 내린 해석입니다. 재판관들을 비롯한 일반적인 선량한 사람들에게는 살인을 통해서 쾌감을 맛보고 싶어 한다는 생각이 도무지 이해되지 않습니다. 따라서 이들은 범죄자가 벌인 살인을 강탈을 위한 것으로 해석하고 범죄자의 빈약한 이성은 이러한 해석을 그대로 받아들입니다. 범죄자는 자신이 진정으로 강탈을 원했고 강탈을 위해서 살인을 저질렀다고 생각합니다. 그는 자신을 강탈을 원했던 범죄자에 불과한 사람이라 단정하고 자신을 죄인이라고 생각합니다. 이를 차라투스트라는 행위 이후의 광기라고 부릅니다.

차라투스트라가 보기에 범죄자는 자신의 혼란스러운 열정들을 제대로 통합하고 긍정적으로 승화시킬 수 없었던 병자에 불과합니다. 그는 열정들의 혼란으로 인해 자신이 겪고 있던 고통을, 다른 사람들에게 고통을 가함으로써 해소할 수 있다고 착각했습니다. 이 점에서 그는 바보입니다. 차라투스트라는, 범죄자는 그래도 기존의 규범에 굴종하지 않고 자신의 열정을 따랐다는 점에서 이른바 선량한 자들보다 더 낫다고 봅니다. 적어도 그는 선량한 자들과는 달리 자신의 열정들을 억압하고 근절하려고 하지는 않았습니다. 자신의 열정들을 제대로 통합하여 긍정적으로 승화하기만 했다면, 무언가 위대한 일을 할 수도 있었습니다. 차라투스트라는 이렇게 말합니다.

"그대들 선한 자들이 갖고 있는 많은 것이 나로 하여금 구토를 하게 한다. 그러나 정녕, 그대들의 악은 그렇지 않다. 오히려 나는 바라고 있다. 그대들도 이 창백한 범죄자처럼, 그대들이 파멸할 광기를 갖기를 바란다!"

국가는
냉혹한 괴물이다

「새로운 우상에 대하여」라는 장에서 차라
투스트라는 국가가 기존의 신을 대체하는 새로운 우상으로 등장하
게 되었다고 말하고 있습니다. 국가라는 이 새로운 우상을 차라투
스트라는 '냉혹한 괴물'이라고 부릅니다.

근대 국가들이 성립되면서 크고 작은 전쟁이 끊이지 않았습니
다. 가장 대표적인 것은 두 번에 걸친 세계대전입니다. 사람들은 국
가의 명령으로 전쟁에 나가고 국가를 위해서 기꺼이 자신을 바칩니
다. 종교에서 순교자들을 위한 기념비를 만드는 것처럼, 국가도 국
가를 위해서 죽은 자들을 위한 기념비를 세웁니다. 국가는 스스로

를 신성한 것으로 치켜올리면서, 국민들에게 국가를 위해서 기꺼이 목숨을 바쳐야 한다고 어릴 적부터 주입합니다. 근대 국가가 대두하게 된 이래로 지금까지 사람들은 세계평화나 인류 전체를 위해서가 아니라 국가를 위해서 목숨을 바쳐 왔습니다.

국가는 구성원들이 국가를 위해 기꺼이 목숨을 바치게 하는 대가로 구성원들의 안전과 복지를 보장한다고 약속합니다. 이는 인격신을 믿는 종교들에서 신이 신자들에게 자신을 위해서 목숨이나 재물을 바치는 대가로 지상에서의 복과 천상에서의 영원한 삶을 보증하는 것과 마찬가지입니다. 이런 의미에서 근대 국가의 정점은 복지국가라고 할 수 있습니다. 복지국가는 신이나 부모를 대신해서 국민들의 행복을 자신이 책임진다고 약속합니다. 근대 이전에 사람들이 신에게 자신들의 소원을 빌었던 것처럼, 이제 사람들은 국가에게 자신들의 소원을 빕니다.

니체는 국가가 국민들에게 안정과 행복을 보증하는 대가로 일반 대중뿐 아니라 초인이 될 만한 사람들에게까지 맹목적 복종과 우상숭배를 요구한다고 보았습니다. 따라서 니체는 국가가 사람들이 초인으로 도약하는 것을 막는다고 비판합니다.

니체를 나치즘의 원조라고 비판하는 사람들이 종종 있습니다.

그러나 니체는 독일 민족이나 독일 국가를 우상화하지 않았습니다. 니체는 프랑스 민족을 독일 민족보다 더 높이 평가했으며 또한 유태인을 극히 우수한 민족으로 찬양했습니다. 유태인들을 말살하려고 했던 나치와는 정반대로, 니체는 독일인들과 유태인들의 혼혈을 권장했습니다. 독일 민족주의나 독일 국수주의야말로 니체가 가장 배격했던 것입니다.

니체는 1870년에 일어났던 프랑스와 독일(프로이센)의 전쟁이 독일의 승리로 끝난 후 집필한 『반시대적 고찰』에서, 군대를 장악한 독재자들을 이기적인 실업가들과 함께 '가장 조악한 세력'이라고 비판하고 있습니다. 이들 독재자들은 국가의 이름으로 전쟁을 일으키고 대중을 동원함으로써 자신들의 부와 권력을 증대시킵니다. 대중은 국가의 소모품에 지나지 않습니다. 그러나 사람들은 국가와 자신을 동일시하면서 국력의 강화를 자신의 강화로 착각합니다. 니체는 이러한 상황이 초래할 끔찍한 결과를 우리가 곧 체험하게 될 것이라 말합니다. 반세기 이후 등장한 나치즘과 공산주의라는 전체주의 체제들을 생각해 보면, 니체의 예언이 정확했다는 사실을 알 수 있습니다.

「새로운 우상에 대하여」에서 차라투스트라는 민족은 자연적으로 구성되는 것이지만 근대 국가는 인위적으로 구성되는 것으로 봅니다. 고대의 입법자들은 민족 고유의 신앙을 건립하여 민족에게 삶의 의미와 방향을 제시함으로써 삶에 이바지한 '창조자들'입니다. 그러나 근대의 지배자들은 국가라는 '덫'을 놓고 사람들을 국가 권력이라는 '하나의 칼'과 수많은 욕망에 매달리게 합니다. 국가는 자신의 칼로 국민을 겁박하여 복종하게 하지만, 그 대가로 물욕이나 지배욕 그리고 흥분과 도취에 빠지고 싶은 욕망을 채워 줍니다.

『아침놀』에서 니체는 민중은 "언제나 자기들을 속이는 자, 자기들의 감각을 흥분시킬 포도주를 구하기 때문"에 쉽게 기만당한다고 말합니다. 국가는 민족주의나 국수주의와 같은 이데올로기들을 통해서 민중을 도취시킵니다. 사람들은 자신을 국가와 동일시하면서 자신의 국가가 다른 국가를 지배하게 되면 흡사 자기 자신이 위대해진 것처럼 착각합니다. 차라투스트라는 "국가의 모든 것이 허위"라고 말합니다.

"국가는 선악에 관한 모든 말에 있어서 거짓말을 한다. 국가가 무슨 말을 하든 그것은 모두 거짓이며 그가 갖고 있는 것은 모두가 훔친 것이다.

국가의 모든 것이 허위이다. 물어뜯는 버릇을 가진 국가는
훔친 이빨로 물어뜯는다. 그의 내장까지도 허위이다.
선과 악에 관한 언어의 혼란, 나는 이것이 국가의 표지라고
말한다."

차라투스트라가 이렇게 말하는 것은 근대 국가에서는 무엇이
선이고 악인지가 국가의 이해관계에 따라서 수시로 달라지기 때문
입니다. 국가는 이렇게 말합니다.

"지상에는 나보다 더 위대한 것은 존재하지 않는다. 나는
질서를 부여하는 신의 손가락이다."

국가는 오로지 군중들, '쓸데없는 자들'만을 위해 고안된 것입
니다. 국가는 이들을 유혹하여 삼켜 버립니다. 더 나아가 국가는 초
인이 될 수 있는 풍요로운 심정을 가진 자들조차 유혹하여 국가의
선전도구로 만들려고 합니다. 국가는 그들을 국가에 충성한 위인들
로 추앙하면서 사람들로 하여금 그들을 본받도록 촉구합니다. 이로
써 국가는 초인이 될 수 있었던 위인들을 민중을 낚는 미끼로 만들

어 버립니다.

이러한 국가에서는 선인이든 악인이든 누구나 예외 없이 독을 마시는 사람이 됩니다. 누구나 자기 자신을 상실하고 서서히 자살하게 되지만, 국가는 이것을 국가를 위해서 헌신하는 아름다운 삶이라고 부릅니다. 국가는 또한 위대한 인물들이 남긴 문화적 유산을 훔쳐서 '교양'이라는 이름을 붙여 국민들에게 교육합니다. 근대 국가에서의 교양교육은 고전에 담긴 진정한 정신을 배우게 하지 않고 그것들에 대한 피상적인 지식만을 전달할 뿐입니다.

나아가 근대 국가에서의 교육은 사람들을 고양시키고 위대하게 만드는 것이 아니라, 돈 버는 기술을 가르치는 것을 목표할 뿐입니다. 국가는 구성원들로 하여금 돈을 추구하게 만들고 더 많은 부를 창출하게 함으로써 국력 강화에 이바지하게 합니다. 차라투스트라는 이렇게 말합니다.

"이들 쓸모없는 자들을 보라! 그들은 부를 획득하지만 그 때문에 더욱 가난해진다. 그들은 권력을 원하고 무엇보다도 권력의 지렛대인 많은 돈을 원한다. 이 무능력한 자들은!"

근대 국가의 민중들은 부와 권력을 추구하지만 그로 인해 정신적으로는 더욱 빈곤해집니다. 그리고 부와 권력을 추구하기 위해서 서로 경쟁을 하면서 서로에 대한 질시와 시기심에 사로잡혀 있습니다. 차라투스트라는 이렇게 말합니다.

"보라, 이 재빠른 원숭이들이 기어오르는 꼴을! 그들은 서로 밀치며 기어오르고, 따라서 서로를 진흙탕과 심연 속으로 끌어내린다.

그들 모두는 왕좌에 오르려고 한다. 이것이 바로 그들의 광기다. 마치 행복이 왕좌에 앉아 있기라도 하다는 듯! 때로는 진흙탕이 왕좌에 앉아 있고, 때로는 왕좌가 진흙탕에 앉아 있다."

근대 국가는 모든 사람이 부와 권력을 향해서 아귀다툼을 하는 진흙탕과 같다는 것입니다.

이웃사랑은 그대들 자신에 대한
나쁜 사랑이다

'이웃을 사랑하라'는 계율은 기독교에서 '신을 사랑하라'는 계율 못지않게 중요한 계율입니다. 니체는 이웃사랑을 동정이라고도 부릅니다. 그러나 니체는 이웃사랑이나 동정을 부정적인 것으로 보면서 비판합니다. 니체는 자신의 가까이에 있는 이웃을 사랑할 것이 아니라 멀리 떨어져 있는 인간, 곧 초인을 사랑하라고 말합니다. 다시 말해 초인이 되려고 노력하는 자기애가 이웃사랑보다도 더 중요하다는 것입니다. 니체는 이렇게 자신을 완성하여 초인에 가까워진 인간만이 남도 제대로 도울 수 있다고 봅니다.

이웃사랑 내지 동정을 비판하는 니체의 사상은 "진리는 어디에도 없으며 따라서 모든 것이 허용된다"는 니체의 말과 함께 자주 니체에 대한 오해를 불러일으켰습니다. 니체는 무자비한 잔인함과 약육강식을 주창하는 철학자로 오인되었던 것입니다. 니체가 동정을 비판하는 이유는 사람들의 이기주의적인 욕망을 합리화하기 위한 것이 아닙니다. 그것은 오히려 사람들에게 자신을 강하고 고귀한 존재로 승화시켜야 한다는 거대한 책임에 대한 자각을 촉구하기 위해서입니다.

니체는 우리가 흔히 찬양하는 이웃사랑이 사실은 변질된 자기애에 불과하다고 말합니다. 차라투스트라는 「이웃사랑에 대하여」라는 장에서 이렇게 말합니다.

"나는 그대들에게 말한다. 이웃에 대한 그대들의 사랑은 그대들 자신에 대한 나쁜 사랑이라고."

차라투스트라는 여기서 이웃사랑은 편협한 자기애의 변형이라고 말하고 있습니다. 이웃사랑은 자신의 삶에서 가치와 의미를 느끼지 못하는 사람들이 자신의 공허함과 무력함을 채우기 위해 실천하는 위선적인 행동입니다. 따라서 그것은 이웃에 대한 사랑의 탈을 쓰고 있지만 실은 나쁜 자기애, 변질된 자기애입니다.

오늘날 뉴스에는 행복한 사람들에 대한 소식보다는 불행한 사람들에 대한 소식이 훨씬 많습니다. 우리는 그런 소식을 접하면서 그들을 동정합니다. 그러나 사람들의 불행에 우리는 왜 이렇게 관심이 많을까요? 과연 불행을 겪는 사람들을 향한 진정한 관심과 애정 때문일까요? 오히려 우리는 그러한 소식에 몰두하면서 자신의 불행과 비참함을 잊고 싶어 하는 것은 아닐까요? 그리고 이러한 심리가 대부분의 사람들을 지배하고 있기 때문에 뉴스는 불행한 소식들을 열심히 전하는 것 아닐까요? 그러한 심리 때문에 또한 우리는 세계 도처에서 일어나는 불행한 사건들에 대해서 한탄하면서도 뉴스를 열심히 보는 것 아닐까요?

이런 의미에서 차라투스트라는 오늘날의 뉴스에 대해서 이렇게 말하고 있습니다.

"이 쓸모없는 자들을 보라! 그들은 항시 앓고 있으며 담즙을 토해 놓고서 그것을 신문이라고 부른다."

여기서 담즙은 분노, 원한 등의 뜻을 의미를 갖고 있습니다. 사람들은 뉴스(신문)를 보면서 자기보다 잘나갔던 사람들이 불행해진 것을 보고는 자신들이 이들에게 품었던 분노와 원한을 해소하는 것일지도 모릅니다. 물론 겉으로는 이들을 동정하는 척하지요.

이런 의미에서 니체는 이웃에 대한 동정은 궁극적으로 타인의 불행에 대한 호기심이라고 말합니다. 우리는 종종 타인의 불행을 봄으로써 자신의 불행한 처지를 잊고 싶어 하고 자신에게서 도피하고 싶어 합니다. 이런 의미에서 차라투스트라는 "그대들은 그대들 자신을 피하여 이웃으로 도망친다"고 말하고 있습니다. 차라투스트라가 이웃사랑이 병들고 나쁜 자기애라고 말하는 것은 바로 그 때문입니다.

전통적으로 자기를 사랑하는 것보다는 다른 사람을 사랑하는 것이 더 높은 덕으로 간주되어 왔습니다. 이기적인 인간은 지탄을 받고 이른바 이타적인 인간은 찬양을 받아 왔지요. 따라서 우리는 이웃을 돕는 행위를 통해서 사람들로부터 선한 인간이라는 평판을 얻으려고 합니다. 그리고 이를 통해 자신의 가치를 확인하려고 합니다. 차라투스트라는 이렇게 말합니다.

"그대라는 호칭은 나라는 호칭보다 오래되었다. 그대라는 호칭은 신성하다고 일컬어지지만 나라는 호칭은 그렇지 않다. 따라서 인간은 이웃사람에게 몰려든다."

자신의 삶에 대해서 긍지와 행복을 느끼는 자는 굳이 이웃의 호감을 사면서 인정을 받으려고 하지 않습니다. 자신에 대한 긍지와 애정을 상실한 자만이 이웃으로부터 선한 사람으로 인정받음으로써 자신의 가치를 확인하려고 합니다. 따라서 차라투스트라는 다시 이렇게 말합니다.

"그대들은 그대들 자신을 참을 수 없어 하며 자신을 충분히 사랑하지 않는다. 그래서 그대들은 이웃을 현혹하여 그대들을 사랑하게 만들고 이웃의 착각으로 자신을 도금하려고 한다."

자기애와 자신에 대한 자신감이 없는 사람일수록 이웃의 호감을 사려고 합니다. 그리고 이를 통해서 이웃으로 하여금 자신을 '선한 사람'으로 착각하게 만들고 자기 자신도 스스로를 그런 사람으로 착각하게 됩니다. 이 점에서 니체는 건강한 자기애에 입각하지 않는 이웃사랑은 위선이라고 봅니다. 다시 한번 말하지만 니체는 남을 돕는 것 자체를 부정하는 것은 아닙니다. 그는 오히려 남에게 행복과 사랑을 준다는 의식 없이 남에게 베풀 것을 요구합니다. 홀로 있어도 행복으로 넘치는 인간만이 남에게 행복을 나눠 주어도 남에게 베푼다는 의식 없이 줄 수 있습니다. 따라서 진정한 의미에서 남을 사랑할 수 있는 인간은 스스로 행복에 넘치는 자이고, 그런 자신을 사랑하는 사람입니다.

니체는 이웃사랑보다는 자기완성을 더 중시합니다. 스스로 행복하지 못하고 자신을 사랑하지 못하는 사람에게 고독은 감옥처럼 여겨집니다. 그는 비참한 자기 자신을 참을 수 없습니다. 결국 감옥에서 벗어나기 위해 이웃에게로 도피합니다.

이웃사랑이 아니라
우정을!

거듭해서 말했지만 니체는 남을 돕는 것 자체를 비난하지 않습니다. 이런 의미에서 니체는 수동적인 동정과 높이, 멀리 내다보는 동정을 구분하고 있으며, 동정 자체를 무조건 비판하는 것이 아니라 수동적인 동정만을 비판하고 있습니다.

수동적인 동정은 다른 사람들의 고통을 함께 아파하면서 그들의 요구를 다 들어주는 방식으로 고통을 덜어 주려고 합니다. 니체는 이러한 동정심은 동정받는 사람들이 자기 발로 서는 독립적이고 강인한 인간이 될 수 있는 가능성을 저해한다고 봅니다. 이러한 동정은 도덕적 의무감에서가 아니라 의지의 연약함에서 비롯되는 하나의 병적인 현상입니다. 고통에 민감하고 고통을 견딜 수 없어 하는 연약한 의지만이 남의 고통에도 민감하게 반응하면서 이들의 고통 자체를 덜어 주려고 합니다.

이런 의미에서 니체는 또한 이웃사랑을 연약한 자들이 서로 동정하면서 서로의 상처를 위로하는 것으로 봅니다. 따라서 이웃사랑은 서로를 강하게 하지 못하고 현재의 연약한 상태에 머무르게 합니다. 이웃끼리 모여서 서로의 고통을 위로하며 살아가는 것은, 저열한 자기애에 불과한 것을 이웃사랑의 이름으로 미화하는 것입니다.

니체가 이러한 수동적인 동정이나 이웃사랑과 구별하면서 추천하고 있는 동정은 멀리 내다보는 동정입니다. 이것은 상대방을 돕되 상대방의 고통을 대신 해소해 주려고 하는 것이 아니라 상대방이 자신의 고통을 스스로 해결할 수 있도록 돕는 동정입니다. 이러한 동정을 니체는 우정이라고도 부릅니다. 우정이란 친구들이 서로가 자기 자신을 완성하도록 돕고 채찍질하는 것입니다.

니체의 우정관은 아리스토텔레스의 우정관과 상당히 흡사합니다. 아리스토텔레스는 인간만이 우정을 가질 수 있다고 보았습니다. 이 경우 우정은 단순히 서로를 감싸는 것이 아니라 서로가 완전한 존재가 되도록 독려하는 것을 가리킵니다. 신은 이미 완전한 존재이기에 우정을 필요로 하지 않으며, 동물은 완전성이라는 이념을 갖지 못하기 때문에 동물에게는 우정이 존재할 수 없습니다.

비슷한 맥락에서 차라투스트라도 이렇게 말합니다.

"그대는 노예인가? 그렇다면 그대는 친구가 될 수 없다.
그대는 폭군인가? 그렇다면 그대는 친구를 가질 수 없다."

우정은 서로가 서로를 존경하는 동등한 관계에서만 가능합니다. 그러나 노예는 굴종적이고 폭군은 지배하려고만 하기에 노예와 폭군은 친구를 가질 수 없습니다. 노예든 폭군이든 자신의 현재 상태에 매여 있습니다. 여기서 노예는 굴종당하는 데서 쾌감을 느끼는 마조히즘의 정신을 상징하고, 폭군은 상대를 지배하는 데서 쾌감을 느끼는 사디즘의 정신을 상징합니다. 폭군은 노예와 반대되는 것이지만 자신이 지배할 노예에 의존한다는 점에서 노예에게 예속되어 있다고 할 수 있습니다. 양자는 서로에게 예속해 있는 방식으로 서로에게 의지합니다. 이에 반해 우정은 서로의 독립성을 존중하는 동시에 상대방이 더욱 독립적인 존재가 되도록 돕습니다.

정신이 높은 인간은 고독해지기 쉽습니다. 고독 속에서 자기 자신과 대화하는 데만 몰두하면서 자기만족에 빠져 있을 수 있습니다. 이러한 자기만족에서 구해 주는 것은 친구입니다. 차라투스트라는 이렇게 말합니다.

"나는Ich 나를Mich 상대로 하여 항상 대화에 너무나 열중한다. 친구가 없다면 어떻게 그 대화를 견딜 수 있겠는가? 은둔자에게 친구는 항상 제삼자다. 제삼자는 둘[Ich와 Mich]의 대화가 심연에 빠지지 않도록 막아 주는 부표다."

우정은 친구의 고통을 대신하려고 하지 않으며 무조건 덜어 주려고도 하지 않습니다. 오히려 우정은 친구가 스스로 설 수 있는 잠재력을 가지고 있다고 믿기에 친구로 하여금 강해질 것을 요구합니다. 차라투스트라는 이렇게 말합니다.

"그대에게 고통받는 친구가 있다면 그의 고뇌에 휴식처가 되도록 하라. 그러나 딱딱한 침대, 야전침대가 되도록 하라. 그러면 그대는 그에게 가장 많이 유용한 존재가 될 것이다."

또한 차라투스트라는 이렇게 말합니다.

"그리고 벗이 그대에게 나쁜 짓을 했을 때에는 이렇게 말하라. '나는 그대가 나에게 한 행동을 용서하리라. 그러나 그대가 그런 행동을 '그대 자신'에게 했다는 것 — 그것을 내가 어떻게 용서할 수 있겠는가!'라고."

니체는 우정의 근본적인 특성이 동락同樂, Mitfreude이라고 봅니다. 니체는 친구에 대한 동정이 아니라 동락이 친구를 만든다고 말하고 있습니다. 동정을 의미하는 독일어 Mitleid는 '고통Leid을 함께Mit하는 것'을 의미하는 반면에, 동락을 의미하는 독일어 Mitfreude는 '기쁨을 함께Mit하는 것'을 의미합니다. 니체가 말하는 동락이란 친구가 고통과 고난을 스스로 극복하고 독립적인 인간이 되었을 때 함께 느끼는 기쁨입니다.

동정은 타인의 비참한 상태를 함께 슬퍼하면서 타인을 약한 상태에 주저앉아 있게 합니다. 우정은 친구로 하여금 스스로 일어나 나아가게 하면서 친구의 힘이 점차 강해지는 것을 보며 함께 기뻐하는 것입니다. 이런 의미에서 우정은 친구들 서로가 자기를 완성하는 수단이 됩니다. 사실상 타인의 아픔을 동정하기는 쉽지만, 타인이 잘되는 것을 함께 기뻐하기는 쉽지 않습니다. 동정보다 우정이 훨씬 어려운 것이지요. 차라투스트라는 이렇게 말합니다.

"나는 그대들에게 이웃이 아니고 친구를 가르친다. 친구가 그대들에게는 지상의 축제이자 초인의 예감이 되게 하라."

제때에 죽어라!

연명치료가 일반화되어 있는 오늘날, 누구나 한 번쯤은 '연명치료까지 해 가면서 그렇게 오래 살 필요가 있을까' 하는 의문을 가져 본 적이 있을 것입니다. 차라투스트라 역시 「자유로운 죽음에 대하여」라는 장에서 이렇게 말합니다.

"많은 사람은 너무 늦게 죽고 몇몇 사람은 너무 빨리 죽는다.

'제때에 죽어라!'라는 가르침은 아직도 낯설게 들린다.

제때에 죽어라! 차라투스트라는 이렇게 가르친다."

제때에 죽는다는 것은 무슨 말일까요? 이 말에서 니체는 무엇보다도 의연한 자살, 또렷하게 깨어 있는 의식을 가지고 죽음을 받아들이는 자살을 염두에 두고 있습니다. 니체가 말하는 자살은 삶을 부정하는 것이 아니라 삶에 대한 최고의 긍정이자 최고의 승화입니다. 이는 삶이 다윈이 생각하는 것처럼 생존이나 연명을 목표로 하는 것이 아니라 자기강화와 고양을 목표로 하기 때문입니다.

생존이나 연명을 목표로 하는 삶은 참된 삶이 아니라 병약하고 퇴락한 삶에 불과합니다. 살아 있다고 하지만 사실은 살아 있는 것이 아닙니다. 우리가 단순한 생존이 아니라 자신의 강화와 고양을 추구한다면, 우리는 의연하게 스스로 죽음을 청하면서 죽음에 대한 공포를 극복하고 최고의 힘의 고양을 맛볼 수 있습니다. 바로 이 점에서 자살은 삶의 최고의 승화로 여겨질 수 있습니다. 인간은 스스로 죽음을 택한 이러한 순간에야말로 자신이 진정으로 살아 있다고 느낄 수 있습니다.

물론 삶을 최고로 승화하는 죽음이 반드시 자살이라는 형태를 취할 필요는 없습니다. 자연사의 형태를 취할 경우 제때에 죽는다는 것은 자신이 살아 왔던 삶을 긍정하고 자신과 함께 살아온 사람들에게 감사하면서 의연히 죽음을 맞는 것을 가리킵니다. 차라투스트라는 이렇게 말합니다.

"그대들이 죽을 때에도 그대들의 정신과 덕은 마치 대지를 둘러싼 저녁노을처럼 타올라야 한다. 그렇지 못하면 그대들의 죽음은 실패로 끝나게 되리라."

기독교를 비롯한 많은 종교에서는 자살 자체를 죄로 봅니다. 종교의 입장에서 보면 생명은 신이 주신 것이기 때문에 신이 생명을 거둬 가기 전까지는 인간은 자기 마음대로 포기할 수 없다고 주장합니다. 그러나 니체는 어차피 자연사라고 불리는 것도 사실은 선택에 의한 것이라고 봅니다. 인간은 본질적으로 자신의 삶과 죽음을 선택할 수 있는 존재이기에 이른바 자연사라는 것도 사실은 선택에 의한 죽음입니다. 그러나 이러한 죽음은 많은 경우 어떻게 해서든 자신의 목숨을 연장할 수 있는 데까지 연장하려는 비루한 죽음의 형태를 띱니다. 이렇게 연명을 하기 위해서 온갖 노력을 하는 자들을 차라투스트라는 '새끼를 꼬는 자들'에 비유합니다. 그들은 새끼줄을 길게 늘이면서 자꾸만 뒤로 물러간다는 것입니다.

자살 자체를 죄로 간주하는 종교들은 모든 자살을 비난하지만

니체는 자살에는 위대한 자살과 비소한 자살이 있다고 봅니다. 삶에도 품위 있는 삶과 그렇지 못한 삶이 있듯이 자살에도 품위 있는 의연한 자살과 비겁한 자살이 있다고 보는 것입니다.

품위 있고 의연하게 자살할 수 있는 사람은 죽음도 자신이 통제해야 할 삶의 일부로 생각합니다. 그는 자신의 삶과 죽음의 주인이 되려고 합니다. 그에게 죽음은 그가 살아생전에 부딪혔던 곤경과 마찬가지로 오히려 자신의 성숙과 강화를 위한 계기일 뿐입니다. 그는 살아생전의 난관도 성숙의 계기로 삼았던 것처럼, 죽음도 그러한 기회로 삼습니다.

니체가 말하는 위대한 자살자들은 삶에서 실패를 맛봤기 때문에 자살을 하는 것이 아니라 자신의 삶을 최고로 승화시키기 위해서 자살을 합니다. 그들은 삶에 대한 사랑 때문에 자살을 하는 것입니다. 자신의 삶을 누추하고 비루하게 보이고 싶지 않기 때문에 자살을 택합니다. 따라서 자살하는 순간에도 그들은 의연합니다.

그들은 더 오래 살게 해 달라고 신에게 기도하지 않으며 의사에게 매달리지도 않습니다. 최고로 독립적이고 자유로운 자들인 이들의 죽음은 삶을 완성하는 죽음으로서 하나의 축제입니다. 죽음을 두려워하거나 한탄하지 않고 깨어 있는 정신으로 의연하게 죽는 사람은 살아 있는 자들에게 감동과 경외심을 불러일으킵니다. 그러한 죽음은 그것을 목격하는 사람들로 하여금 자신들이 어떻게 살아야 할지를 서로 맹세하고 서약하는 축제가 될 수 있습니다. 사람들은 그가 살았던 태도로 자신들도 살 것이고, 그가 죽었던 태도로 자신들도 죽을 것이라고 맹세하고 서약합니다. 차라투스트라는 이렇게 말합니다.

"누구나 죽음을 중대하게 여긴다. 그러나 죽음은 축제가 되지 못하고 있다. 사람들은 아직 가장 아름다운 축제를 어떻게 거룩하게 만들 수 있는지를 배우지 못하고 있다.

아, 살아 있는 자들에게 자극이 되고 서약이 되는 완성하는 죽음을 나는 그대들에게 보여 주리라. 완성하는 자는 희망을 지닌 사람들과 서약하는 자들에게 둘러싸여 승리를 구가하며 죽는다."

이에 반해 비겁한 자살은 어떤 종류의 자살일까요? 그것은 삶에 대한 절망으로 죽음을 택하는 자살입니다. 이들은 자신의 삶에는 아무런 희망이 없다고 생각하면서 죽음으로 도피합니다. 이원론적인 종교가 신과 피안으로 도피하듯이 이들은 죽음으로 도피합니다. 이원론을 믿는 종교인들과 마찬가지로 이들은 삶을 눈물의 골짜기라고 저주하면서 자신에 대한 비참한 열패감에 빠져서 자살을 택합니다.

사람들에게 보통 죽음은 두려운 것으로 나타납니다. 죽음을 두려워하는 데서 불사와 영원에 대한 희구가 생겨납니다. 이러한 영원에 대한 꿈을 이루기 위해서 사람들은 불멸의 영혼이 거주하는 천상의 세계를 만들어 냅니다. 그리고 상상 속 피안세계와 비교하면서 현세의 삶을 보잘것없는 것으로 간주하게 됩니다. 이러한 사람들에게는 현세의 삶이 죽음으로 끝난다는 사실로 인해서 현세의 삶은 더욱더 불완전하고 덧없는 것으로 나타나게 됩니다.

그러나 니체는 인간이 죽는다는 사실 때문에 오히려 삶은 향기롭고 경쾌한 것이 될 수 있다고 말합니다. 인간이 죽는다는 사실로 인해서 순간순간은 더 소중하고 귀중한 의미를 가질 수 있으며 세계는 더 아름답게 우리 앞에 나타날 수 있습니다. 인간이 죽지 않는다면 우리는 어떠한 행위도 미룰 수 있기 때문에 그때마다의 행위가 갖는 진지함과 심대한 의미도 사라질 것입니다.

기독교는 죽어가는 사람들에게 '그동안 지었던 죄를 회개하고 주님을 받아들이면 천국에 갈 것이지만 그렇지 않으면 지옥에 떨어진다'고 협박합니다. 이 점에서 니체는 기독교가 죽음 앞에서도 사람들을 능욕하고 있다고 비판합니다. 사람들이 기독교의 협박에 굴복하여 자신들의 죄를 참회할 때 사람들은 자신을 비겁한 인간으로 전락시키는 것입니다.

기독교는 죽음이 오히려 인간의 삶을 빛나게 할 수 있다는 사실을 무시하고 죽음을 혐오스럽고 두려운 것으로 간주합니다. 그리고 이와 함께 죽음으로 끝나는 삶 자체도 덧없고 혐오스러운 것으로 만들어 버립니다. 니체는 죽음에 임한 사람들에게 회개를 요구하는 것이 아니라 자신의 죽음을 의연하게 맞이할 것을 요구합니다.

천재는 인류에게
자신을 선사한다

「선사하는 덕에 대하여」에서 차라투스트라
는 최고의 덕인 선사하는 덕에 대한 가르침을 펴고 있습니다.

이 장은 이른바 천재에 대한 니체의 생각을 담고 있습니다. 헤
겔과 같은 철학자에서 볼 수 있지만 천재는 흔히 당대의 시대정신을
구현하거나 그것을 요구하는 환경에 의해 만들어진 인물로 간주되
었습니다. 헤겔은 중세의 신분 체제를 철저하게 무너뜨렸다는 점에
서 나폴레옹을 근대정신의 구현자라고 보았습니다. 따라서 헤겔은
나폴레옹이 말을 타고 가는 모습을 보고서는 "저기 세계정신이 말
을 타고 간다"라고 말했습니다. 헤겔은 자신의 시대를 지배하는 민

주주의적인 정신이 나폴레옹이라는 천재도 출현시켰다고 보는 것입니다.

그러나 니체는 환경이나 시대정신 혹은 여론 등은 천재의 탄생과는 아무런 관련이 없다고 봅니다. 니체는 위대한 인물들은 거대한 힘이 오랜 기간에 걸쳐서 내부에 축적된 폭발물이라고 봅니다. 위대한 인물들이 나타나기 위한 전제는 항상 역사적으로나 생리적으로 오랜 기간 그들에게로 힘이 축적되었으며 보존되어 왔다는 것, 그리고 오랫동안 폭발이 일어나지 않았다는 것입니다. 이렇게 힘이 폭발하지 않고 축적되기만 하면서 긴장이 너무 커지면 극히 우연한 자극만으로도 '천재'와 '위대한 행위' 그리고 위대한 운명이 출현하게 됩니다.

니체는 천재들은 자신이 살고 있는 시대의 정신보다도 더 높은 곳에 있다고 봅니다. 그에 따르면, 나폴레옹은 쇠퇴해 가던 당시의 프랑스 문명보다도 '더 강하고 더 오래 지속되었으며 더 오래된 문명의 계승자'입니다. 여기서 '더 강하고 지속적이며 오래된 문명'은 고대 그리스·로마 문명과 르네상스를 가리킵니다. 따라서 이 문명의 '계승자'라는 것은 고대부터 존재했던 힘이 지속적으로 축적되어 오면서 나폴레옹에게서 폭발했다는 의미입니다. 그리고 나폴레옹은 자신에게 축적되었던 힘을 아낌없이 사람들에게 나누어 줍니다. 이런 맥락에서 차라투스트라는 이렇게 말합니다.

"그대들은 만물로 하여금 그대들의 내부로 흘러들어오게 한다. 그것은 흘러들어온 모든 사물이 사랑의 선물로서 그대들의 샘에서 다시 흘러나가게 하기 위해서다."

천재란 필연적으로 자신을 낭비하는 자입니다. 자신을 다 내준다는 것이 그의 위대함입니다. 그에게는 자기보존본능이 작용하지 않습니다. 내부로부터 솟아나는 힘들의 압도적인 압력에 밀려서 그는 자신의 능력과 활력을 분출합니다. 사람들은 이를 '희생적 행위'라고 부르지만, 천재에 대한 오해에 불과할 뿐입니다.

천재는 다만 자신의 내부로부터 솟아나고 넘쳐흐르는 힘을 주체하지 못하여 자신을 탕진하고 자신을 아끼지 않을 뿐입니다. 그는 필연적으로, 그리고 숙명적으로 그렇게 할 수밖에 없습니다. 태양은 자신의 빛을 나누어 주는 선한 일을 하겠다는 생각으로 빛을 나누어 주는 것이 아닙니다. 태양은 빛이 넘쳐흐르기 때문에 자신도 모르게 빛을 나누어 줄 수밖에 없습니다. 이처럼 니체는 천재도 자신의 생명력을 주체하지 못하고 내어 줄 수밖에 없다고 주장합니다.

「선사하는 덕에 대하여」라는 장은 차라투스트라가 그동안 가르침을 펼치면서 정이 들었던 '얼룩소'라는 마을을 떠나는 장면과 함께 시작합니다. 그의 제자를 자청하는 사람들은 차라투스트라에게 이별의 정표로 지팡이 하나를 선사합니다. 이 지팡이의 황금 손잡이에는 뱀 한 마리가 태양을 휘감고 있었습니다. 차라투스트라는 그 지팡이를 받아들고 기뻐하면서 지팡이를 짚고 섭니다. 그러고는 제자들에게 이렇게 말했습니다.

"자, 말해 보라. 어찌하여 황금이 최고의 가치를 갖게 되었는가? 그것은 흔하지 않고 쓸모없으며 빛을 발하면서도 그 빛이 부드럽기 때문이다. 그것은 언제나 자신을 선사한다. 황금은 오직 가장 높은 덕의 모상模像이기 때문에 최고의 가치를 갖게 되었다. 선사하는 자의 눈빛은 황금처럼 빛난다. […] 최고의 덕은 흔하지 않고 쓸모없으며 빛을 발하면서도 그 빛이 부드럽다. 최고의 덕은 선사하는 덕이다."

차라투스트라가 선물받은 황금 지팡이에서 뱀은 물론 지혜를 상징하며, 태양은 넘치는 생명력이자 건강한 육체를 상징합니다. 이는 건강한 육체에 건강한 정신이 깃들며 또한 건강한 정신은 육체가 어느 방향으로 나아가야 하는지를 제시해 주는 방식으로 서로 조화를 이룬다는 것을 의미합니다. 황금은 '비실용적이며' '그 빛이 부드럽기' 때문에 니체가 말하는 최고의 덕의 모습을 갖추고 있다고 할 수 있습니다.

예를 들어 미켈란젤로의 예술작품은 사실은 우리가 먹고사는 데 아무런 도움이 되지 않습니다. 그의 예술작품이 없어도 우리는 충분히 먹고살 수 있습니다. 이런 의미에서 그것은 비실용적입니다. 그럼에도 그것은 사람들을 고양시키면서 빛나는 존재가 되게 합니다. 그것은 자신이 무언가를 선사한다고 자랑하지 않으며, 선사한다는 것도 의식하지 않으면서 자신의 넘치는 힘을 선사합니다. 이런 의미에서 그것이 사람들에게 베푸는 빛은 황금처럼 부드러운 빛입니다.

그러나 차라투스트라는 천재들이 이렇게 자신의 능력과 활력을 선사하는 것을 이타주의라고 부르지 않고, 건전하고 신성한 이기심이라고 부릅니다. 천재들이 자신의 능력과 활력을 선사하는 것은 의무감 때문이 아니라 단순히 나눔이 좋아서이며, 자기 자신의 성장과 고양을 위해서 하는 일이기 때문입니다. 이에 반해 병든 이기심으로 가득 찬 사람들은 부나 권력 등에 의존함으로써 자신의 불안한 삶을 공고하게 만들려고 합니다. 따라서 그들은 자신의 삶에 대해서 항상 불안해하면서 부와 권력을 나눠 주기는커녕 아무리 가져도 만족할 줄 모릅니다. 차라투스트라는 이렇게 말합니다.

> "나는 이 이기심을 건전하고 신성한 것이라고 부른다. 이것과는 다른 또 하나의 이기심이 있다. 그것은 너무나 가난하고 굶주림에 지쳤기 때문에 언제나 훔칠 틈을 엿보는 이기심, 병든 자들의 이기심, 병든 이기심이다."

선사하는 덕을 가진 사람은 기존의 가치를 부정하는 새로운 가치를 제시합니다. 이러한 가치는 사람들에게 축복이 되지만, 다른 한편으로는 기존 가치를 부정하는 것이기 때문에 위험이 되기도 합니다. 따라서 차라투스트라는 이렇게 말합니다.

> "그대들의 마음이 큰 강처럼 넓고 또 물결쳐서 강가에 사는

자들에게 축복이 되고 위험이 되는 바로 그때 그대들의 덕
이 비롯된다."

훈련만이 우리를 고양시킨다

거대한 고통을 흔쾌히 견디는

II부

" 운명을 사랑하라는 말은
자신의 삶이 아무리 고통스럽고 고난으로 점철된 것일지라도
자신의 삶과 운명을 긍정하라는 의미입니다 "

창조하는 자는
산모의 고통을 겪어야 한다

II부는 22개의 장으로 이루어져 있습니다. II부에서는 무엇보다도 힘에의 의지 사상이 명시적으로 서술되고 있습니다. 힘에의 의지 사상은 초인사상과 영원회귀사상 그리고 니힐리즘 사상과 함께 니체의 중심 사상을 형성합니다.

I부는 차라투스트라가 그동안 가르침을 폈던 '얼룩소'라는 마을에서 제자들과 작별하는 장면으로 끝났습니다. 차라투스트라는 제자들을 향해 자신에게 의지하지 말고 각자 스스로에게 의지할 것을 요구합니다. 차라투스트라는 이렇게 말합니다.

"나의 제자들이여, 나는 이제 홀로 가련다! 그대들도 이제 홀로 떠나라! 그것이 내가 바라는 것이다.

나를 떠나서 차라투스트라에 저항하라! 아니 차라리 그를 부끄러워하라! 그가 그대들을 속였을 수도 있다.

[…]

언제나 제자인 채로 머문다면 그대는 스승의 은혜를 저버리는 것이다. 그대들은 어찌하여 나의 월계관을 빼앗으려 하지 않는가?

그대들은 나를 숭배한다. 하지만 어느 날 그대들의 숭배심이 무너지게 되면 어찌하겠는가? 신상에 깔려 목숨을 잃는 일이 없도록 조심해라!

[…]

그대들이 그대들 자신을 아직도 찾지 못하고 있었을 때 그대들은 나를 발견했다.

모든 신도는 다 그렇다. 그러니 신앙이란 하나같이 공허한 것이다.

이제 나는 그대들에게 명한다. 나를 버리고 그대들 스스로를 찾으라. 그대들 모두가 나를 부인할 때에야 비로소 나는 그대들에게 돌아오리라."

차라투스트라는 이렇게 제자들에게 차라투스트라에 대한 신앙에서 벗어나 독립적인 인간이 될 것을 촉구한 후 다시 산속의 동굴로 되돌아옵니다. 우리는 차라투스트라의 이러한 태도에서 차라투스트라가 자신을 둘러싸고 맹목적인 숭배집단을 만드는 것을 거부한다는 사실을 알 수 있습니다. 차라투스트라는 어떤 신념으로 묶인 집단을 만들기보다는 개개인이 스스로 자신의 삶을 개척해 나가는 독립자존의 존재가 되길 원합니다.

그러나 동굴로 되돌아온 후에도, 차라투스트라는 자신이 사랑했던 이들을 향한 애정과 조바심으로 가득 차게 됩니다. 그는 아직도 그들에게 선사할 것이 너무나 많았던 것입니다. 세월이 흘러가면서 차라투스트라의 지혜는 더욱더 충만하게 되었고, 그는 넘치는 지혜를 주체하지 못하여 고통스러워합니다.

그러던 어느 날 그는 꿈을 꿉니다. 꿈속에서 한 어린아이가 거울을 들고 나와 차라투스트라의 얼굴을 거울에 비춰 줍니다. 거울에 비친 자신의 얼굴을 보고 차라투스트라는 기겁을 합니다. 그가 거기서 본 것은 자신이 아니라 악마의 흉측하고 냉소 어린 얼굴이었기 때문입니다. 차라투스트라는 이 꿈을 자신의 가르침이 자신의 적들에 의해서 심각하게 왜곡되고 있다는 사실을 알려 주는 꿈이라고 해석합니다. 심지어 자신이 가장 사랑하는 이들조차 차라투스트라가 그들에게 주었던 선물들을 부끄러워하게 되었다는 사실을 꿈을 통해 알게 됩니다.

차라투스트라는 자신의 벗들이 자신을 떠나 길을 잃었다고 생각합니다. 그는 벗들을 찾아 다시 산에서 내려옵니다. 이번에 그는 '지복의 섬'이라는 곳에서 가르침을 폅니다. '지복의 섬'은 그리스의 영웅들이 죽으면 간다는 낙원입니다. 이 섬에서 차라투스트라는 "만약 신이 존재한다면 내가 신이 아니라는 사실을 어떻게 견딜 수 있겠는가?"라는 가르침을 폅니다.

차라투스트라는 우선 이렇게 말합니다.

"모든 불변하는 것 ― 그것은 오직 비유일 뿐이다. 그리고 시인은 너무나 많은 거짓말을 한다.
그러나 최상의 비유는 시간과 생성에 대한 것이다. 이러한 비유는 온갖 무상함에 대한 찬양이며 긍정이어야 한다."

전통적인 종교와 철학에서는 신이나 순수영혼과 같이 영원불변한 존재는 찬양한 반면에, 생성하고 소멸하는 존재를 하찮은 것으로 비하했습니다. 그러나 차라투스트라는 끊임없이 생성 소멸하면서 온갖 꽃과 식물, 동물과 인간들을 낳는 세계의 충일함을 찬양합니다. 다윈과 같은 사람은 이 세계를 빈곤한 것으로 보았습니다. 동물들은 척박한 환경에서 먹을 것이 부족하여 끊임없이 서로 생존경쟁을 할 수밖에 없다고 본 것이지요. 이에 반해 니체는 이 세계가 낭비적이라고 말할 수 있을 정도로 풍요롭다고 봅니다.

이 세계는 아무런 이유 없이 봄에는 만물에 꽃을 피우고, 여름에는 무성하게 하고, 가을에는 결실을 맺게 하고, 겨울에는 모든 것을 쉬게 만듭니다. 이 세계는 또한 그 수를 헤아릴 수 없을 정도로 많은 개체들과 종들을 만들어 냅니다. 따라서 니체는 이러한 세계 속에서 엄청난 생명력을 봅니다. 이러한 생명력은 기독교의 신처럼 피안의 세계에 존재하는 인격적인 신이 아니라 생성 소멸하는 개체들에서 직접적으로 나타납니다.

이런 의미에서 차라투스트라는 최고의 비유란 세계의 풍요로움과 충만함을 찬양하는 비유라고 말합니다. 차라투스트라는 모든 것이 끊임없이 생성 소멸하는 이 세계의 이면에 신과 같은 어떤 영구불변의 실체가 있다는 사상을 시인들이 지어낸 거짓말로 봅니다.

차라투스트라는 자기 내면에 자리 잡은 디오니소스적인 생명력인 힘에의 의지가 자신으로 하여금 기존의 신들로부터 떠나도록 유혹했다고 말합니다. 차라투스트라는 "만일 신들이 존재한다면 내가 무엇을 창조할 수 있겠는가"라고 묻습니다. 만일 신들이 존재한다면 우리는 신들이 정한 계율과 의무에 따라야 할 뿐 새로운 가치를 창조할 수 없을 것입니다. 또한 자신의 넘쳐나는 생명력을 활발하게 분출할 수도 없을 것입니다. 따라서 차라투스트라는 "만일 신이 존재한다면, 내가 신이 아니라는 사실을 어떻게 참을 수 있겠는가!"라고 말합니다.

차라투스트라는 자신의 내면에서 불타는 디오니소스적인 생명력과 창조의지가 우리에게 수없이 가혹한 죽음을 겪으라고 요구한다 말합니다. 우리는 기존의 가치에 얽매여 있는 자기 자신을 과감하게 살해하고 새로운 가치와 새로운 자기 자신을 창조해야 합니다. 차라투스트라는 이렇게 말합니다.

"창조하는 자 자신이 새로 태어나는 어린애가 되기 위해서는 산모가 되어 산모의 고통을 겪으려고 해야 한다."

이러한 끊임없는 창조의지는 우리로 하여금 항상 새로운 인간이 되도록 몰아갑니다. 차라투스트라는 우리 인간을 조각가가 다듬어야 할 하나의 돌에 비유하면서 이렇게 말합니다.

> "아, 그대들 인간들이여, 이 돌 속에는 하나의 상像이 잠들어 있다. 내가 구상하는 상들 중의 가장 훌륭한 상이! 아, 그것이 더없이 단단하고 더없이 흉한 돌 속에 잠들어 있어야만 하다니!"

차라투스트라는 우리를 둘러싸고 있는 흉한 기존의 가치들을 파괴하고 우리 속에 잠들어 있는 참된 인간상, 초인이라는 인간상을 드러내고 실현할 것을 요구합니다.

동정은
왜곡된 권력 감정이다.

　　　　기독교와 쇼펜하우어는 동정을 최고
의 덕으로 간주합니다. 남의 고통을 함께 느끼고 그 고통을 덜어 주
려고 하는 것이 최고의 덕이라는 것입니다. 그러나 차라투스트라는
동정이 아니라 기쁨이 최고의 덕이라고 봅니다. 자신에게서 넘치는
기쁨을 아낌없이 베푸는 것이 최고의 덕이라는 것입니다.

　「동정하는 자들에 대하여」라는 장에는 인간은 붉은 뺨을 가진
동물이라는 유명한 말이 나옵니다. 왜 인간은 붉은 뺨을 갖게 되었
을까요? 차라투스트라는 인간은 너무나 자주 부끄러워할 수밖에 없
었기 때문이라고 말합니다. 차라투스트라는 이렇게 말합니다.

"오오, 나의 벗이여! 인식하는 자는 말한다. '수치, 수치, 수치, ― 이것이 바로 인간의 역사다!' 라고"

니체는 동정은 동정받는 사람들을 수치스럽게 느끼게 한다고 말합니다. 이는 많은 경우, 동정에는 동정의 대상이 되는 상대방에 대한 일종의 소유욕과 지배욕 그리고 우월감이 뒤섞여 있기 때문입니다. 따라서 니체는 동정에는 왜곡된 힘에의 의지가 지배하고 있다고 봅니다. 니체는 힘에의 의지 사상을, 동정을 파악하는 데에도 철저하게 적용하는 것입니다. 동정은 사실 타인을 향한 왜곡된 권력 감정입니다. 앞에서도 봤듯이 이것을 우리는 흔히 '이웃사랑'이란 이름으로 미화시킵니다. 니체는 『즐거운 지식』이란 책에서 이렇게 말합니다.

"우리가 어떤 사람이 고통받는 것을 볼 때, 우리는 그것을 그를 소유할 수 있는 기회로 이용한다. 이러한 것을 예컨대 은혜를 베푼다거나 동정한다거나 하는 자가 행하는 것이다. 그들도 역시 자기 마음속에 일깨워진 새로운 소유에의 욕망을 사랑이라고 부른다."

그리고 『아침놀』에서는 이렇게 말합니다.

"쾌감은 우리의 상태와는 반대되는 경우를 볼 때 생긴다.
우리가 원하기만 하면 도울 수 있다는 생각을 품을 때, 그리
고 우리가 도와줄 경우 칭찬받고 감사받을 수 있다는 생각
이 들 때 쾌감이 생긴다."

동정을 베푸는 사람들의 심리에는 이런 지배욕이 작동하고 있
기에, 동정을 받는 사람들의 마음속에는 수치심과 아울러 복수심이
생겨납니다. 차라투스트라는 이렇게 말합니다.

"그 때문에 나는 괴로워하는 자를 도와준 나의 손을 씻는다.
또한, 나의 영혼까지도 씻는다. […] 괴로워하는 자를 도와
주었을 때, 나는 그의 긍지에 심한 상처를 입혔기 때문이다.
큰 은혜는 감사하는 마음이 아니라 오히려 복수심을 불러
일으킨다. 그리고 작은 선행을 받았던 것이 잊히지 않으면
그것은 마음을 물어뜯는 회한의 벌레가 된다."

이런 맥락에서 차라투스트라는 자신은 "동정을 베풀면서 행복해하는 자비로운 자들을 좋아하지 않는다"고 말합니다. 그들은 자신들이 동정을 받는 사람들의 긍지를 손상시켰다는 사실에 대해서 부끄러움을 느끼지 못하기 때문입니다. 따라서 차라투스트라는 자신이 동정하지 않으면 안 될 때조차도 동정심이 많은 자라는 말을 듣고 싶지 않다고 말합니다. 더 나아가 만일 동정을 하게 되더라도 멀리 떨어져서 동정하고 싶다고 말합니다. 상대방이 자존심에 상처를 받지 않고 아무런 수치도 느끼지 않게 하고 싶다는 것입니다.

동정과 관련된 차라투스트라의 이 말도 아주 유명한 말입니다.

"그러나 거지들은 모두 내쫓아 버려야 한다. 그들에게는 동냥을 주는 것도 화가 나고 안 주는 것도 화가 난다."

이 경우 '거지'는 남의 도움을 받는 것을 부끄러워하지 않는 사람, 따라서 자신에 대한 최소한의 긍지조차도 갖지 못한 사람을 가리킵니다.

그런데 니체는 동정받는 자도 타인들의 동정심을 일으키면서 그들로 하여금 고통을 느끼게 하는 방식으로 자신의 힘을 확인한다고 말하고 있습니다. 니체는 『인간적인, 너무나 인간적인』에서 이렇게 말합니다.

"환자와 정신적 우울증에 걸린 사람들과 사귀면서 그 웅변적인 호소와 흐느낌, 불행의 과시 따위가 궁극적으로는 병문안 온 사람을 '괴롭힌다'는 목표를 추구하는 것이 아닌지를 한번 자문해 보라. 그때 그 방문객이 표시하는 동정이 약자나 고통받는 사람에게 위안이 되는 이유는, 그들이 자신들의 쇠약함에도 불구하고 적어도 '힘 있는 자들에게 고통을 줄 힘' 하나만은 아직도 '갖고 있다'는 것을 자각하기 때문이다. 불행한 자는 타인들의 동정으로 인해 그들이 갖게 되는 이러한 우월감 속에서 일종의 쾌감마저 느낀다. 그의 자만심은 커진다. 그는 세계에 고통을 줄 정도로 충분히 힘을 지닌 것이다."

이렇게 니체는 '동정을 베푸는 자'와 '동정을 받는 자' 사이에는 애정이 오고 가는 것이 아니라 오히려 상대방을 지배하려는 권력의지가 작용하고 있다고 봅니다. 동정을 베푸는 자는 자신이 동정을 베푸는 약한 자를 지배하고 있다는 데서 쾌감을 느낍니다. 그러나 동정을 받는 자 역시 동정을 베푸는 자를 나름대로 지배하고 있다는 데서 쾌감을 느낍니다. 그는 자신에게 동정을 베푸는 자들로 하여금 고통을 느끼게 하는 힘을 자신이 갖고 있다고 느끼는 것입니다.

니체가 동정을 비판한다고 하여 모든 종류의 동정을 배격하는 것은 아닙니다. 앞에서 보았지만 니체는 수동적인 동정이 아니라 멀리 내다보는 능동적인 동정을 내세웁니다. 니체는 이러한 동정을 우정이라고도 부릅니다. 여기서 우정은 타인이 자율적이고 자립적인 인간이 될 수 있도록 돕는 것입니다. 따라서 진정한 우정을 이루기 위해서는 타인에 대한 애정과 관심 못지않게 타인에 대한 냉철한 이성적 통찰을 필요로 합니다. 니체는 많은 경우, 동정이 이성적 통찰에 따르지 않고 단순히 감정과 욕망에 따른다고 봅니다. 이것은 상대방에 대한 사랑이라기보다는 타인에 대한 소유욕과 자신을 착한 사람이라고 생각하는 나르시즘적인 자기도취의 표현입니다.

근대의 민주주의와 사회주의는 고통받는 자들에 대한 동정에 입각한 사회입니다. 이러한 사회에서는 가능한 한 모든 고난과 고통을 제거하고 사람들에게 최대한의 안락을 제공하려고 합니다. 이에 반해 니체는 인간이 자신을 고양하고 강화하기 위해서는 고난과 고통이 필요하다고 봅니다. 니체는 『선악의 저편』에서 이렇게 말하고 있습니다.

"그대들은 가능하다면 ─ 이보다 더 어리석은 '가능하다면'도 없을 것이다 ─ **고통을 없애려고 한다.** 그렇다면 우리는? **우리는** 오히려 일찍이 없었던 정도로 고통을 증대시키고 더 악화시키려고 하는 것 같다! 그대들이 생각하는 안락과 같은 것은 우리의 목표가 아니다. 그것은 우리에게는 **종말**로 보인다! 그것은 인간을 우습고 경멸받아야 할 것으로 만드는 상태이며, 자신의 몰락을 **원하게** 만드는 것이다! 고통을 견디는 훈련, **거대한** 고통을 견디는 훈련, 그대들은 **이러한** 훈련만이 지금까지 인류의 모든 고양을 가능하게 했다는 사실을 아는가? 영혼의 힘을 강화시켜 주는 불행 속에서 영혼이 느끼는 긴장, 위대한 파멸을 눈앞에서 볼 때 영혼이 느끼는 전율, 불행을 짊어지고 견뎌 내고 해석하고 이용하는 영혼의 독창성과 용기, 그리고 또한 일찍이 비밀, 가면, 정신, 간지奸智, 위대함에 의해 영혼에게 선사된 것, 이것들은 고통을 겪으면서, 그리고 거대한 고통의 훈련을 겪으면서 영혼에게 선사된 것이 아닌가?"

차라투스트라는 괴로워하는 자들을 도울 때보다 자신이 삶을 더 잘 즐기게 되었을 때 좋은 일을 했다고 느꼈다 말합니다. 차라투스트라는 이렇게 말합니다.

"인간이 존재하게 된 이후로 인간은 너무나 즐길 줄 몰랐다. 나의 형제들이여. 이것만이 우리들의 원죄다."

여기서 차라투스트라는 인간이 도덕적인 악을 저지른 것이 원죄가 아니라 기쁨과 즐거움 없이 살게 된 것이 원죄라고 말하고 있습니다. 더 나아가 차라투스트라는 이렇게 말합니다.

"[우리가] 보다 잘 즐기는 법을 배웠더라면, 다른 사람들에게 고통을 주거나 고통을 꾸며 내려는 생각을 가장 잘 잊었을 것이다."

또한 차라투스트라는 어떤 고난이나 곤경에도 불구하고 기쁘고 밝게 사는 사람만이 무기력과 고통에 빠져 있는 사람들을 다시 일어나게 하는 위대한 사랑을 행할 수 있다고 봅니다.

평등을 떠드는 자들이여,
그대들은 타란툴라다

　　　　　　「타란툴라」라는 제목의 장에서 차
라투스트라는 모든 종류의 평등주의자들을 독거미인 '타란툴라'라
고 부르고 있습니다. 타란툴라는 이탈리아 타란토 지방에 사는 독
거미입니다.

　　평등주의자들은 인간들 사이에 아무런 차이도 없으며, 모든 인
간은 '인간으로 존재한다'는 단순한 이유 하나로 고귀하다고 주장합
니다. 이들은 사회에 만연해 있는 불평등에 분노하면서 정의가 넘
치는 사회를 만들어야 한다고 주장합니다.

　　니체는 평등주의가 기본적으로 기독교에서부터 출발했다고 봅니다. 기독교는 모든 인간은 신 앞에서 평등하며 신과 동일한 형상으로 지음받은 고귀한 존재라고 주장합니다. 마르크스주의나 무정부주의는 기독교 자체는 부정하지만, 기독교의 평등사상은 전폭적으로 받아들입니다. 다만 기독교는 모든 사람이 진정으로 평등한 상태가 천국에서나 가능하다고 보는 반면에, 마르크스주의나 무정부주의는 지상에서 구현할 수 있다고 주장합니다.

차라투스트라는 평등주의자들은 겉으로는 정의나 인류에 대한 사랑을 내세우지만, 사실은 몰래 숨어서 복수심을 불태우는, 시기심으로 가득 차 있는 자들로 봅니다. 차라투스트라는 이렇게 말합니다.

> "그대들 평등의 설교자들이여! 내가 보기에 너희들은 타란
> 툴라이며 또한 몰래 숨어서 복수심을 불태우고 있는 자들
> 이다!"

차라투스트라는 "인간이 복수심으로부터 구원된다는 것, 이것이야말로 최고의 희망으로 이끄는 다리이며 오랜 폭풍우 후에 나타나는 무지개"라고 말합니다. 자신보다 훌륭한 자들을 시기하면서 끌어내리려고 하지 않고 그들의 탁월성을 인정하면서 본받으려고

할 때 인류는 더 나아질 수 있기 때문입니다.

그러나 타란툴라들은 전적으로 다른 것을 원합니다. 그들은 세계가 우리의 복수심의 폭풍우로 가득 차게 되는 것, 그것이야말로 정의라고 서로 이야기합니다. 타란툴라에 물리면 무도병chorea*에 걸렸다고 합니다. 니체는 평등사상에 물들게 돼도 무도병에 걸린 것처럼 사람들이 미쳐서 춤춘다고 봅니다. 이들은 자신들이야말로 가장 정의로운 자들이라고 자부하면서 자신들과 이념을 달리하는 자들을 불의한 자들로 단죄합니다.

20세기 후반의 역사는 마르크스주의라는 평등사상이 지구의 절반을 지배했던 시대였습니다. 이들은 정의를 실현한다는 명분 아래 이른바 '부르주아 반동세력'을 제거하고 자신들의 사상에 동조하지 않는 사람들을 거리낌 없이 살육했습니다. 그리고 끝내는 모든 것을 하향평준화했습니다. 예술에서도 독창적인 예술은 살아남을 수 없었습니다. 예술가들은 이른바 '사회주의 리얼리즘'이라는 이름 아래 노동자와 농민, 아니면 평등을 내세움으로써 권력을 잡은 자들을 우상화하는 작품만 만들 수 있었습니다.

* 신체 일부가 제멋대로 움직여, 마치 춤을 추는 것처럼 보이는 신경질환.

차라투스트라는 평등과 정의에 대한 평등주의자들의 요구에는 '무력감', '상처 입은 자부심', '은밀한 시기심'이 숨어 있다고 봅니다. 이것들이 '복수의 불꽃'과 '폭군적인 광기'가 되어 터져 나옵니다. 평등주의자들에게는 단죄하고 처벌하는 심판자가 되는 것이 가장 큰 행복입니다. 니체는 진정으로 탁월한 인간들은 자신의 적을 존중할 수 있는 자들이라고 말합니다. 그들은 자신에 맞서는 적을 악한 자로 단죄하지 않고 자신의 역량을 최대한 발휘하도록 자극을 주는 벗으로 생각합니다. 따라서 진정으로 탁월한 인간들은 적이 패배를 인정할 경우에는 적에게 기꺼이 관용을 베풀고 자신의 맞수가 되어준 것에 감사합니다.

이런 맥락에서 차라투스트라는 이렇게 말합니다.

"처벌하려는 충동이 가장 강한 자들은 누구도 믿지 말라!
그들은 나쁜 족속이며 나쁜 혈통에 속하는 자들이다. 그들의 얼굴에는 형리刑吏와 경찰견의 모습이 엿보인다."

차라투스트라는 평등을 부르짖는 자들이 사실은 평등 사회를 미끼로 대중을 선동함으로써 권력을 잡으려고 하는 위선자들이라고 봅니다.

"그들이 자신들을 '선하고 의로운 자들'이라고 부를 때, 그
들이 바리새인이 되는 데 부족한 것은 오로지 권력뿐이라
는 사실을 잊지 마라!"

여기서 '바리새인'들은 예수 당시의 위선적인 권력자들을 가리
킵니다. 자신들을 '선하고 의로운 자들'이라고 부르는 자들은 권력
을 잡는 순간 민중에게 일체의 권력을 허용하지 않고 모든 권력을
독점합니다. 북한은 물론이고 붕괴한 동구 사회주의권 국가의 현실
은 차라투스트라의 예언이 옳다는 것을 보여 줍니다.

차라투스트라는 자신의 가르침을 평등주의자들의 가르침과 혼
동하는 자들이 있는데 자신은 "다른 사람과 뒤섞이고 혼동되고 싶
지 않다"고 분명히 말합니다. 차라투스트라는 인간은 평등하지 않
다고 말합니다. 초인 같은 인간과 천민 같은 인간은 서로 급이 다른
인간입니다. 누군가가 사회를 다스려야 한다면 초인 같은 인간이
다스려야 하며 천민 같은 인간은 복종해야 합니다. 차라투스트라는
사람들이 자신을 고양하고 위대한 존재로 만들 수 있는 동기를 갖기

위해서는 사람들 사이에 많은 단계가 존재한다는 사실이 인정되어야 한다고 봅니다. 차라투스트라는 이렇게 말하고 있습니다.

"삶은 높은 곳을 필요로 하기 때문에 계단을 필요로 하고 계단들 사이의 모순과 아울러 계단을 올라가는 자들 사이의 모순을 필요로 한다! 삶은 상승하려고 하며 상승하면서 스스로를 극복하려고 한다."

이렇게 높은 계단을 오르기 위해 서로 경쟁하고 적이 되는 가운데 우리는 더욱 고귀한 존재로 상승하게 됩니다. 따라서 차라투스트라는 이렇게 말합니다.

"이렇게 우리도 당당하고 아름답게 적이 되자, 나의 벗들이여! 우리도 거룩하게 서로 대항하여 분투하자!"

레이몽 아롱이라는 프랑스 철학자는 2차 세계대전 후 사르트르나 메를로 퐁티를 비롯한 프랑스 지식인들 사이에서 마르크스주의가 득세하자 이를 지식인의 아편이라고 부른 적이 있었습니다.

이처럼 평등사상은 지적으로 뛰어난 사람들마저도 현혹당하기 쉬운 아편입니다. 차라투스트라 역시 자신이 평등사상과 그것의 원천이 되는 증오심이나 복수심에 사로잡히기 쉽다는 것을 인정하고 있습니다. 따라서 차라투스트라는 이렇게 말합니다.

"나의 벗들이여! 내가 어지러움에 쓰러지지 '않도록' 나를 이 기둥에 단단히 묶어 다오! 복수심의 소용돌이가 되느니 차라리 나는 기둥에 묶인 성자가 되리라!"

마지막으로 차라투스트라는 자신은 춤추는 사람이기는 하지만, 타란툴라의 춤을 추는 자는 절대로 아니라고 말합니다. 차라투스트라의 춤이 삶과 세계를 긍정하면서 기쁨에 차서 추는 춤이라면, 타란툴라의 춤은 시기심과 원한에 가득 차서 칼을 휘두르는 살육의 춤입니다.

살아 있는 모든 것은
힘을 추구한다

차라투스트라는 「자기초극에 대하여」
라는 장에서 힘에의 의지에 대해서 말합니다. 차라투스트라는 자신
이 생명 있는 모든 것을 관찰한 결과 지배에의 의지, 곧 주인이 되려
는 의지를 발견했다고 말합니다. 바로 힘에의 의지입니다. 차라투
스트라는 이렇게 말합니다.

"생명 있는 것을 발견하는 곳에서 나는 항상 힘에의 의지도
발견했다. 섬기는 자의 의지 속에도 주인이 되려는 의지를
발견했다.

자신보다 약한 자에 대해서 주인이 되려고 하는 의지가 약자로 하여금 강자를 섬기도록 설득한다. 약자도 이러한 기쁨[자신보다 약한 자의 주인이 되는 기쁨]만은 버리지 못한다."

약한 자가 강한 자를 섬기는 까닭은 강한 자의 힘에 기대어 자신보다 더 약한 자를 지배하려고 하기 때문이라는 것입니다. 자신의 시대를 규정하는 가치관을 정립했던 철학자나 종교가와 같은 이른바 최고의 현인들은 자신들이 진리 자체를 파악하려고 했다고 말합니다. 그들은 자신들이야말로 진리 자체를 파악하려는 의지로 불타는 사람들이라고 말합니다. 그러나 차라투스트라는 이러한 의지의 이면에서 "모든 존재자를 사유될 수 있는 것으로 만들려는 의지"가 작동하고 있다고 봅니다. 가장 현명한 자들은 모든 사물을 자신들에게 순응하고 굴복하게 만들려 합니다. 차라투스트라는 이렇게 말합니다.

"모든 존재자는 매끄럽게 되어야 하며, 정신의 거울이자 반영으로서 정신에 복속되어야만 한다."

따라서 가장 현명한 자들이 내세우는 진리에의 의지도 힘에의 의지의 일종입니다. 가장 현명한 자들은 선과 악을 비롯한 가치들에 대한 진리를 제시한다고 주장합니다. 그러나 여기에서도 이러한 가치들을 민중이 섬겨야 할 가치들로 제시함으로써 그들을 지배하려는 의지가 작용하고 있습니다.

힘에의 의지는 남을 지배함으로써 자신들이 남보다 더 강하고 우월한 존재라고 느끼고 싶어 하는 의지입니다. 니체는 이러한 힘에의 의지야말로 인간을 지배하는 가장 강력한 욕망이라고 봅니다. 그는 『아침놀』에서 이렇게 말합니다.

"힘의 마력. ─ 필요도 욕망도 아니고 힘에 대한 사랑이야말로 인류의 수호신이다. 인간에게 모든 것을, 곧 건강, 음식, 주택, 오락을 줘 봐라. 그들은 여전히 불행하고 불만스러워할 것이다. 왜냐하면 마력적인 존재가 기다리면서 채워지기를 원하고 있기 때문이다. 그들에게서 모든 것을 빼앗고 이 마력적인 존재를 만족시켜 봐라. 그러면 그들은 대부분 행복하게 된다. 인간과 마력적인 존재가 행복할 수 있는 최대한에 이르기까지."

이러한 힘에의 의지는 우리 삶의 도처에서 나타납니다. 그러나 그것은 많은 경우 비열한 형태로 나타납니다. 사람들은 아무런 저항도 받지 않고 자신의 위력을 행사할 수 있는 만만한 상대를 찾아서 이들을 억압하고 지배함으로써 자신의 힘과 자부심을 느끼려고 합니다. 어릴 때는 약한 아이를 괴롭히며 왕따를 시키고, 어른이 돼서는 자기 눈치를 볼 수밖에 없는 사람들에게 갑질을 하면서 자신의 우월함을 확인하려고 합니다.

이렇게 자신보다 불리한 처지의 사람들을 괴롭히면서 우월감을 느끼는 것도 사람들이 힘에의 의지를 구현하는 하나의 방식이기는 합니다. 그러나 이러한 방식을 이용하는 자들은 상대방의 저항을 두려워하기 때문에 저항하기 어려운 처지의 상대들만을 골라 자신의 힘을 느끼려고 한다는 점에서 비겁한 자들입니다. 따라서 니체는 우리가 자신의 힘을 진정으로 느끼고 싶다면, 최소한 자신과 동등하거나 자신보다 우월한 상대와 힘을 겨루라고 말합니다.

당연히 힘이 물리적인 힘만을 의미하는 것은 아닙니다. 니체는 생명이 있는 모든 곳에서는 힘을 둘러싼 경쟁이 행해지고 있다고 보았습니다. 스포츠에서는 물론이고 경제나 정치 그리고 예술에서도, 더 나아가 국가들 간의 관계에서도 경쟁이 이루어집니다. 이러한 경쟁에서 최소한 자신과 대등하거나 이왕이면 자신보다 우월하게 보이는 상대와 경쟁하면서 상대를 압도하려는 힘에의 의지가 있을 수 있습니다. 이러한 힘에의 의지를 구현할 때 우리는 진정한 힘의 고양과 강화, 곧 참된 의미의 행복을 느낄 수 있습니다.

이러한 힘에의 의지는 자신의 적이라도 자신과 정정당당하게 겨룬다면 그를 존경합니다. 이를 우리는 고귀하고 우아한 힘에의 의지라고 부를 수 있습니다. 또한 이러한 힘에의 의지를 구현한 사람을 고귀하고 아름다운 인간이라고 부를 수 있습니다.

힘에의 의지는 기존의 가치에 안주하지 않고 항상 새로운 가치를 추구하면서 자기 자신을 초극하려는 의지이기도 합니다. 이러한 과정을 통해서 힘에의 의지는 자기 자신을 고양시키고 강화시킵니다. 차라투스트라는 이렇게 말합니다.

"그대들의 가치로부터 보다 강한 힘과 새로운 초극이 자라나오고, 그것에 의해 알과 알을 둘러싼 껍질이 깨진다.
그리고 선악에 있어서 창조자가 되어야 하는 자는 진실로 먼저 파괴자가 되어야 하며 [기존의] 가치들을 파괴해야만 한다."

차라투스트라는 복종보다 명령이 더 어렵다고 말합니다. 여기서 명령은 우리가 구현해야 할 삶의 가치를 정립하는 것을 의미합니다. 이러한 모든 명령에는 시험과 모험이 깃들어 있습니다. 스스로에게 명령을 할 경우에조차 명령이 잘못된 것이라면 대가를 치러야 합니다. 그러나 이러한 모험과 시행착오를 발판 삼아 힘에의 의지가 성장해 갑니다.

쇼펜하우어는 생존에의 의지야말로 우리의 가장 강한 욕망이라고 보았지만, 차라투스트라는 힘에의 의지가 가장 강한 욕망이라고 말합니다.

> "'생존에의 의지'란 말을 진리라는 과녁을 향해서 쏜 자가 그것을 맞히지 못한 것은 물론이다. 이러한 의지는 존재하지 않는다!
> 왜냐하면 존재하지 않는 것은 의욕할 수 없지만, 그러나 이미 생존해 있는 것이라면 어찌 생존을 의욕할 수 있단 말인가! 생이 있는 곳에만 의지도 있다. 그러나 이러한 의지는 생존에의 의지가 아니라 — 나는 그대에게 이렇게 가르친다 — 힘에의 의지다!"

현대인들의 교양은
자신을 치장하는 것이다

차라투스트라는 현대인들을 교양
이 풍부하고 자신의 교양을 자랑하는 사람들이라고 봅니다. 언뜻
보기에는 현대인들을 칭찬하는 것 같지만 사실은 비판하는 말입니
다. 차라투스트라는 「교양의 나라에 대하여」라는 장에서 현대인들
에 대해서 이렇게 말합니다.

"나의 눈이 이토록 다채로운 색깔들의 반점들로 얼룩져 있
는 것을 한 번도 본 적이 없었다!

[…]

50가지 색깔의 반점들로 얼굴과 손발에 색칠을 한 채 그대
들은 거기 앉아서 나를 놀라게 했다. 그대들, 현대인들이여!"

근대에 들어와 대중교육이 실시되면서 대부분의 사람이 문자
를 해독하게 되었습니다. 인류 역사상 오늘날처럼 헤아릴 수 없을
정도로 많은 책이 쏟아져 나온 적은 없었습니다. 현대인들은 많은
교육을 받고 많은 독서를 합니다. 그러나 현대인들은 자신들이 쌓
은 교육과 지식에 묻혀서 오히려 자기 자신을 잃어버립니다. 차라투
스트라는 현대인들이 이렇게 다양한 교양을 쌓고 그 교양으로 자신
을 치장하는 것을 '50가지 색깔의 반점들로 자신을 색칠'하는 행위에
비유하고 있습니다. 여기서 차라투스트라는 "이러한 화려한 치장을
그대들에게서 벗겨 버린다면 무엇이 남겠는가"라고 묻습니다.

"그대들로부터 베일과 외투와 색깔과 몸짓을 벗겨 버린다
면, 겨우 새나 놀라게 할 정도의 것밖에 남지 않으리라.
정녕, 나 자신이 일찍이 물감을 칠하지 않은 벌거벗은 그대
들을 보고 놀랐던 새였다. 그 해골이 나에게 추파를 던졌을
때, 나는 날아서 도망쳤다."

현대인들은 책, TV 프로그램, 대중강연, 유튜브 등을 통해 수많은 교양을 습득하지만 그것을 자신의 삶에 체화시키지 못합니다. 그가 읽고 듣는 문자들의 양에 비해서 그가 사는 삶의 내용은 빈약하기 짝이 없습니다. 그는 자신이 실한 몸을 가졌다고 착각하는 허깨비에 불과합니다. 차라투스트라는 이렇게 말합니다.

"저승에 사는 귀신들조차도 그대들보다는 더 살찌고 더 통통하다!
그대들 현대인들이여! 그대들이 벌거벗은 채로 있어도 옷을 입고 있어도 내가 차마 그대들을 견딜 수 없다는 것, 이것이야말로 진실로 나의 내장에는 고통이다."

현대인들은 '우리는 극히 현실적이며 신앙도 미신도 갖고 있지 않다'고 생각하면서 스스로가 모든 것을 객관적으로 볼 수 있는 것처럼 생각합니다. 이에 대해서 차라투스트라는 이렇게 말합니다.

"그렇다, 그대들이 어떻게 신앙을 가질 수 있겠는가? 그대들, 다채로운 반점들로 얼룩진 자들이여! 그대들은 일찍이 믿어졌던 모든 것을 모사한 그림에 지나지 않는다!"

차라투스트라는 물론 이원론적인 종교는 거부합니다. 그러나
모든 종교나 신앙을 거부하는 것은 아닙니다. 니체는 그리스인들이
나 로마인들이 믿었던 종교는 긍정합니다. 그리스·로마 신화에서
보이는 신은 기독교의 신처럼 욕망이 근절된 순수한 영혼이 아닙니
다. 신들의 우두머리인 제우스부터가 여자를 밝히고 성性을 즐기는
호색한입니다. 그리스·로마 신화는 인간들의 욕망과 충동을 단죄
하지 않으며 또한 지상의 삶을 헛되고 거짓된 것으로 단죄하지 않습
니다. 오히려 욕망과 지상에서의 삶을 신적인 것으로 긍정합니다.
　차라투스트라는 우리 삶에 방향을 제시하는 신앙이 필요하다
고 봅니다. 다만 차라투스트라는 이원론자들의 신앙 대신에 초인에
대한 신앙을 제창합니다. 초인에 대한 신앙에 사로잡힐 때 우리는
그것의 실현을 위해서 자신의 모든 에너지를 다 동원할 수 있습니
다. 이런 의미에서 차라투스트라는 이렇게 말하고 있습니다.

"창조해야만 하는 자들은 항상 자신의 예언적인 꿈과 별자
리를 가지고 있었다. 그리고 그들은 신앙을 가지고 있었다!"

그러나 현대인들은 아는 것은 많지만 자신의 삶과 에너지를 다 바칠 수 있는 신앙은 결여하고 있습니다. 현대인들은 그동안 다양한 시대의 종교와 신앙들에 대해서 많은 지식을 갖고 있습니다. 그러나 그 정신 속에서는 온갖 시대의 신앙이 서로 모순되는 말로 수다를 떨고 있을 뿐입니다. 현대인들은 겉으로는 풍요롭게 보이지만 아무런 열매도 맺지 못하는 빈약하기 그지없는 토양일 뿐입니다.

「학자들에 대하여」에서 차라투스트라는 현대의 학자들 역시 현대의 교양인들과 마찬가지로 빈약하기 그지없는 내면을 가지고 있다고 봅니다. 차라투스트라는 학자들이 매사에 방관자로 있으려 할 뿐이라고 말합니다. 그들은 거리를 지나가는 사람들을 입을 벌리고 멍하니 바라보는 사람들처럼, 역사상에 나타난 다양한 사상을 입을 벌리고 바라봅니다.

이러한 사상들은 원래 삶과 세계에 대한 깊은 경험에서 생겨난 것일 수 있습니다. 그러나 학자들은 사상들을 자신의 것으로 동화시키지 않고 방관하면서 그것들의 내용과 기원 그리고 그것들이 사회에 미친 영향에 대해서 따질 뿐입니다. 이렇게 다양한 사상을 방관자로서 정리하는 데 그치기 때문에 그들은 사상들의 정수를 파악할 수 없습니다. 학자들은 다양한 사상에 대해서 무척이나 많이 알고 있으면서도, 자신의 피와 살로 체화하지 못합니다. 차라투스트라는 이렇게 말합니다.

"손으로 그들을 붙잡으면 그들은 밀가루 자루처럼 의도치 않게 주위에 온통 먼지를 일으킨다. 그러나 그들의 먼지가 곡물에서 — 여름 들판의 누렇게 익은 환희에서 — 생겨났다는 것을 누가 짐작이나 하겠는가?"

차라투스트라는 학자들을 또한 이렇게 묘사합니다.

"그들은 제분기처럼 절굿공이처럼 일한다. 그들에게 단지 곡물을 넣어 주기만 하면 된다! 그들은 곡물을 잘게 빻아 흰 가루로 만드는 법을 이미 알고 있다."

이 말은 학자들에게 적당한 자료만 주면 기계적으로 능숙하게 그럴듯한 글을 꾸며 낸다는 것을 의미합니다. 이러한 글쓰기에는 자신들이 조사하는 자료 속에 깃들어 있는 참된 정신을 체화하려는 노력은 전혀 존재하지 않습니다. 또한 그들은 서로의 결함을 찾으면서 자신이 비판할 수 있는 만만한 상대가 나타나기를 기다립니다. 이렇게 다른 사람들을 비판하면서 자신이 탁월하고 위대한 존재라는 착각에 빠집니다.

과거를
어떻게 구원할 것인가

차라투스트라는 「구제에 대하여」라
는 장에서 현대인들이 특수한 재능이나 기능만 발달된 불구화된 인
간이라고 말합니다.

"'이것은 귀다! 사람만큼이나 큰 귀다!' 나는 더 똑똑히 보
았다. 실제로 귀밑에는 가련할 정도로 작고 빈약하고 말라
빠진 무엇인가가 움직이고 있었다. 이 거대한 귀는 작고 가
냘픈 줄기 위에 붙어 있었다. 그 줄기가 곧 인간이었다. 안경
을 쓰고 보면 작고 시기하고 있는 얼굴까지 볼 수 있었다. 또

부어오른 작은 영혼이 줄기에 매달려 있는 것도 볼 수 있었다. 그러나 민중은 그 거대한 귀는 하나의 인간일 뿐만 아니라 위인이며 천재라고 나에게 말했다. 그러나 나는 민중이 위대한 인간 운운할 때 한 번도 민중의 말을 믿지 않았다. 그리고 나는 그 거대한 귀는 모든 것을 너무도 적게 그리고 한 가지는 지나치게 많이 가진 전도된 불구자라는 신념을 견지했다."

여기서 차라투스트라가 묘사하는 인간들은 우리가 주위에서 흔히 볼 수 있는 사람들입니다. 이들은 노래나 연주, 축구나 야구, 공부나 사업 경영 등은 탁월하게 잘 하지만 인격은 보잘것없는 사람들입니다. 사람들은 이들을 천재라고 부르고 위인이라고 부릅니다. 그러나 이들의 빛나는 재능의 이면에는 왜소하기 그지없는 영혼이 숨어 있습니다. 이 영혼은 자신보다 뛰어난 사람들을 시기합니다.

현대인들의 영혼은 이렇게 왜소화되어 있고 파편화되어 있지만, 현대인들의 인생, 다시 말해서 현대인들이 경험하는 과거와 현재 그리고 미래도 통합되지 못하고 파편화되어 있습니다. 현대인들은 과거의 상처에 사로잡혀 있거나 미래에 대한 불안에 사로잡혀 있습니다. 또한 자신의 현재를 과거의 찬란한 성과로 보지 못하고 미래를 위한 풍요로운 토양으로도 보지 못합니다. 과거는 과거대로, 현재는 현재대로, 미래는 미래대로 각자 따로 놉니다. 그것들은 서로 단절된 단편들로 나뉘어 있고, 모든 것이 우연에 내맡겨져 있는 것으로 나타납니다. 따라서 현대인들에게는 자신의 과거와 현재와 미래가 풀 수 없는 수수께끼처럼 이해할 수 없는 것으로 나타납니다. 이런 상황에서 사람들은 그저 살아 있으니까 살아야 한다고 생각하게 됩니다.

차라투스트라는 단편적이고, 수수께끼 같은 무서운 우연들을 하나로 통일하는 것, 그것이야말로 자신의 창조와 노력의 전부라고 말합니다. 이 말은 무엇을 의미할까요? 차라투스트라는 우연들을 하나로 통일하는 것이 과거의 '그랬었다'를 '나는 그랬었기를 원래 원했다'로 바꾸는 것이라고도 말합니다. 그는 이것을 또한 과거의 구원이라고도 부릅니다. 차라투스트라의 이 말을 곰곰이 생각해봅시다.

우리는 많은 경우 자신의 과거를 긍정하기보다는 후회하고 한탄합니다. 이 경우 우리는 보통 자신의 현재에 대해서도 만족하지 못하고 있을 가능성이 많습니다. 그러면서 우리는 자신의 불행한 현재를 과거의 불운 탓으로 돌립니다. 또한 자신이 겪은 불운이 왜 하필 자신에게만 찾아왔는지 한탄합니다. 이때 우리에게는 자신의 과거도 현재도 도저히 이해할 수 없는 수수께끼로 나타납니다. 자신은 선한 사람이고 열심히 노력하면서 살아 왔는데 왜 그렇게 불운을 겪어야 했고 이렇게 불행한 현재를 살아야 하는지 도무지 이해할 수 없다는 것입니다. 우리는 자신이 부잣집에서 태어나지 못한 것을 탓하며, 금수저의 행운이 따르지 않은 것을 한탄합니다. 이 경우 우리는 과거의 '그랬었다'를 '나는 그랬었기를 원했다'라고 긍정하기는커녕, '나는 그랬었기를 전혀 바라지 않았는데 운이 나빠서 그렇게 되었다'고 생각합니다.

오랜 세월 동안 고된 노력을 한 후 자신이 목표하던 꿈을 이루었을 때, 예를 들어 고등학교 3년 동안 열심히 공부한 끝에 자신이 원하는 대학에 합격했을 때 우리는 큰 기쁨에 사로잡힙니다. 이때 우리는 그동안의 노고가 목표를 실현하기 위한 필연적인 과정이었다고 생각합니다. 그리고 그러한 노고는 외부에서 강제로 부과된 것이 아니라 우리 스스로가 원했던 것이라 생각하게 됩니다.

그런데 우리는 우리의 인생 전체에 대해서 그렇게 긍정할 수 있을까요. 자신이 처했던 조건들, 그리고 자신이 겪었던 온갖 쓰라

림과 기쁨 그 모든 것이 다 필요했고 심지어는 내가 원했던 것이었다고 생각한 적이 있었는지요. 출생에서 오늘에 이르기까지 자신의 삶을 두고 '나는 이런 삶을 원했다'고 생각한 적이 있으신지요?

우리의 인생은 우리가 예측할 수 없는 행운과 불운, 고난과 기쁨 등으로 점철되어 있습니다. 이것들에서 우리가 어떤 통일성을 읽을 수 있게 되는 순간은, 그것들을 우리가 원했던 것으로 여기게 될 때입니다. 아마 이렇게 과거를 총체적으로 긍정하기 위해서는 우선 현재의 삶을 철저하게 긍정해야 합니다. 이러한 긍정은 보통 큰 기쁨을 수반합니다. 현재의 삶을 커다란 기쁨과 함께 긍정할 때, 우리는 현재의 삶은 과거에 자신이 겪었던 고난, 고통과 무관한 것이 아니라 그 모든 것의 결과라고 생각하게 됩니다.

니체는 시간 속의 모든 사건은 서로 연결되어 있다고 보았습니다. 따라서 우리가 어떤 순간을 긍정할 때 우리는 사실 시간 전체와 사건 전체를 긍정하게 됩니다. 차라투스트라는 IV부의 「취가醉歌」라는 장에서 이렇게 말합니다.

"모든 사물은 사슬로 연결되어 있고 실로 묶여 있으며 사랑으로 이어져 있다.

그대들이 일찍이 어떤 한 순간이 다시 오기를 소망한 일이 있다면, '너, 내 마음에 든다. 행복이여! 찰나여! 순간이여!' 라고 말한 일이 있다면, 그대들은 이와 함께 모든 것이 되돌아오기를 소망한 것이 된다!

모든 것이 새롭고, 모든 것이 영원한, 모든 것이 사슬로 연결되고, 실로 묶여 있고, 사랑으로 이어져 있는, 오, 그대들은 이런 세계를 사랑한 것이 된다."

여러분은 현재의 삶을 긍정하시는지요? 긍정하는 분은 자신의 과거도 긍정하고 있는 것입니다. 시간의 연쇄에 대한 니체의 이런 사상은 운명애의 사상과 통합니다. 우리의 삶은 우리가 어찌지 못하는 운명을 토대로 이루어집니다. 내가 어떤 나라에서 태어나고, 어떤 부모 밑에서 태어나는지도 내가 선택한 것이 아니라 모두 운명입니다. 공부를 잘하거나 못하는 것도 상당 부분 운명적으로 타고난 것이라고 할 수 있습니다. 니체는 운명을 사랑하라고 말합니다. 이 말은 운명에 굴복하고 체념하라는 것을 의미하지 않습니다. 오히려 운명을 사랑하라는 말은 자신의 삶이 아무리 고통스럽고 고난으로 점철된 것일지라도 자신의 삶과 운명을 긍정하라는 의미입니다. 이렇게 자신의 삶과 운명을 긍정할수록 사람들은 강력한 생명력으로 가득 차게 됩니다. 이러한 사람은 자신이 처한 운명을 한탄하지 않고 오히려 그것을 긍정적으로 전환합니다.

요사이 우리나라에서는 금수저, 흙수저라는 말이 유행입니다. '개천에서 용 난다'는 이미 옛말이고, 흙수저로 태어나면 아무리 노력해도 실패하도록 이미 정해져 있다고들 합니다. 그러나 과연 좋은 운명과 나쁜 운명은 태어나면서부터 정해져 있는 것일까요? 자신의 운명을 어떤 식으로 활용하느냐에 따라, 그 운명은 좋은 운명이나 나쁜 운명이 되는 것 아닐까요?

우리는 언론에서 재벌 2세들이 직원들을 안하무인으로 대할 뿐 아니라 재산을 둘러싸고 부모 자식 간에 그리고 형제자매 간에 골육상쟁을 벌인다는 소식을 종종 접합니다. 이들에게 금수저로 태어났다는 운명은 과연 좋은 것이었을까요? 그들은 자신들의 운명을 많은 사람에게 도움을 주면서 존경을 받을 수 있는 발판으로 활용할 수도 있었을 것입니다. 그러나 그들은 자신들의 운명을 남용함으로써 오히려 남들의 경멸과 지탄을 받게 되었습니다.

흙수저로 태어난 사람들이 모두 실패한 인생을 살지는 않습니다. 흙수저 집안에서 태어났더라도 부모가 자식을 위해서 성실하게 일하는 모습을 보고 자란 사람들은 대부분 성인이 되어서도 부모에 대한 감사와 존경의 마음을 잃지 않는다고 합니다. 또한 그들 역시 부모의 은혜를 생각하면서 열심히 일하겠지요. 물론 사회적으로 크게 성공하지는 못할 수도 있습니다. 그러나 이들은 서로를 존경과 사랑으로 대합니다. 이 경우 이들에게 과연 흙수저라는 운명이 그렇게 나쁜 운명이었을까요? 이들은 자신들의 운명을 긍정적으로 승화했다고 할 수 있습니다.

더 나아가 우리는 극도로 가난한 집안에서 태어났지만, 이 때문에 남들보다 더 열심히 노력하고 일하면서 사회적으로 크게 성공한 사람들을 봅니다. 이들 중에서 진정으로 정신력이 강한 사람들은 가난하게 태어난 자신의 운명에 감사하기도 합니다. 가난한 집에서 태어나지 않고 부잣집에서 태어났으면 허랑방탕하게 인생을 낭비할 수도 있었을 것이라는 생각이지요. 이런 사람들은 보통 사람들 같으면 한탄하고 저주할 운명을 은혜로 받아들입니다.

우리는 앞에서 니체가 어릴 적부터 온갖 병에 시달렸으며, 병 때문에 교수직도 10년밖에 하지 못하고 사직했다는 사실을 보았습니다. 이런 사실을 생각해 보면 니체의 운명도 험난했다고 할 수 있습니다. 그리고 그렇게 험난한 운명을 살았기에, 니체가 "운명을 사랑하라"고 말해도 설득력을 가질 수 있습니다. 만약 니체가 누구나 부러워할 순탄한 운명을 살았다면, 사람들은 "너 같은 운명만 타고 났으면 나도 운명을 사랑하겠다"고 코웃음을 치겠지요.

니체가 교수직을 포기하는 것은 결코 쉬운 결정이 아니었습니다. 니체는 자신이 고전문헌학 교수직을 과감히 포기하고 철학자의 길을 걸을 수 있었던 것은 자신의 병 때문이라고 말합니다. 어떤 사람은 병 때문에 좌절에 빠질 수도 있었을 것입니다. 이에 반해 니체는 병이라는 운명을 인생의 방향을 전환하는 생산적인 발판으로 전환했습니다. 니체는 이 때문에 자신의 병에 감사한다고까지 말했습니다.

니체가 말하는 운명애는 바로 이렇게 '자신에게 어떤 운명이 주어지든 그것이 영원히 반복되어도 좋다'고 생각하게 될 정도로 그것을 긍정적으로 승화시키고 발전시키는 것입니다. 바로 이것이 우리가 바꿀 수 없는 과거의 '그랬었다'를 '그랬었기를 원했다'로 전환하는 방법입니다.

그러나 우리는 많은 경우 과거에 대해서 회한과 원한을 품습니다. '그때 나는 왜 그랬을까', '왜 그 사람들은 그때 나에게 그랬을까'라고 의문을 던지면서 과거의 자신과 과거의 다른 사람들, 그리고 과거의 사건들을 온전히 받아들이지 못합니다. 가능하다면 우리는 시간을 거슬러 과거를 바꾸고 싶어 합니다. 그러나 그것은 불가능합니다. 따라서 전통적인 이원론에서는 시간을 가상으로 폄하하면서 영원불변의 천상세계에서 구원을 찾아야 한다고 주장합니다. 니체는 이를 시간에 대한 복수라고 말합니다.

III부 | 영원회귀라는
뱀의 머리를 물어뜯으라

" 자신의 삶을 흔쾌하게 긍정하고,
그것이 영원히 반복돼도 좋다고 생각하는 순간이
바로 우리의 생명력이 차고 넘치게 되는 순간입니다 "

그것이 삶이었던가?
자! 그럼 다시 한번!

　　　　　Ⅲ부는 16개의 장으로 구성되어 있습니다. Ⅲ부에서는 특히 니체의 사상 중에서 가장 난해하다는 영원회귀사상이 설파되고 있습니다. Ⅱ부는 차라투스트라가 '지복의 섬'에서 전하는 가르침들로 이루어져 있었습니다. Ⅲ부는 차라투스트라가 지복의 섬에서 배를 타고 나오는 장면과 함께 시작됩니다. 육지에 오른 후 차라투스트라는 감람산을 거쳐 도시를 지나 자신의 동굴로 되돌아옵니다. Ⅲ부는 이러한 여정에서 차라투스트라가 펼치는 가르침들로 이루어져 있습니다.

　차라투스트라는 Ⅲ부의 2장 「환영과 수수께끼에 대하여」에서 영원회귀사상을 비유를 통해서 설파하고 있습니다. 그렇기 때문에, 영원회귀사상에 대해서 이미 아는 사람이 아니면 이 장을 읽어 나가기는 무척 어렵습니다. 따라서 우리는 이 장의 내용을 살펴보기 전에, 우선 니체의 영원회귀사상의 핵심 내용을 간략하게 살펴보려고 합니다.

니체는 스위스에서 요양을 하면서 실스마리아에 있는 실바플라나 호수를 산책한 적이 있습니다. 그 호수에는 큰 바위가 하나 있는데, '차라투스트라 바위' 또는 '니체의 돌'이라고 불립니다. 니체는 이 바위 곁을 지나가다가 벼락을 맞은 것처럼 불현듯 영원회귀사상의 영감에 엄습되었다고 합니다.

영원회귀사상은 문자 그대로 모든 것이 영원히 반복된다는 사상입니다. 우리가 과거에 경험했던 모든 고통과 고난이 무한한 시간 속에서 아무런 목표도 의미도 없이 끊임없이 반복된다는 사상입니다.

이에 반해 우리는 혹시라도 죽어서 다른 생에 태어난다면 지금보다 훨씬 좋은 조건에서 태어나고 어떠한 고통과 고난도 없는 삶을 살기를 바랍니다. 그러나 영원회귀사상은 이러한 가능성을 원천적으로 차단해 버리고, 우리가 겪었던 모든 고통과 고난이 그대로 반복되면서 삶은 절대로 좋아지지 않는다고 설파합니다.

니체는 이러한 사상과 함께 우리를 하나의 결단 앞에 세웁니다. '세계가 그렇게 영원히 반복되더라도 너는 이 세계를 긍정할 것인가, 아니면 그런 세계 앞에서 절망할 것인가'라는 결단 앞에 세우는 것입니다. 니체는 이렇게 우리가 겪은 모든 고통과 고난이 다시 반복되어도 좋다고 흔쾌하게 긍정하는 사람이야말로 건강한 사람이라고 말합니다. 이에 반해 영원회귀를 부정하는 사람은 정신적으로 허약한 사람이고, 이런 사람은 절망에 빠져 염세주의자가 되거나 천국이나 공산주의와 같은 유토피아를 만들어 의지함으로써 간신히 삶을 버틴다고 봅니다.

영원회귀사상의 영감에 의해 엄습되었을 때 니체는 자신의 고통스러운 과거를 그대로 긍정할 수 있었습니다. 그는 자신의 과거에게 "얼마든지 다시 올 테면 오라"고 외쳤습니다. 그 순간 니체는 자신이 겪었던 모든 고통이 다 반복되어도 좋다고 여길 정도로 생명력이 고양되는 체험을 했습니다.

영원회귀사상을 긍정하는 사람은 고통과 고난 그리고 인간들 사이의 투쟁과 갈등으로 얼룩진 지상의 현실을 그대로 긍정합니다. 이처럼 지상의 현실을 그대로 긍정하는 사람에게 이 현실은 무의미하고 덧없게 나타나는 것이 아니라 매 순간순간이 아름답고 의미 있는 것으로 나타납니다. 과거의 이원론에서는 삶의 중심이 신이나 천국에 있었습니다. 이에 반해 지상의 현실을 긍정하면서 매 순간순간을 아름답게 보는 사람은 삶의 중심이 매 순간순간에 있다고 경험하게 됩니다.

니체는 자신의 영원회귀사상을 과학적으로 입증 가능한 우주론적인 가설로 보았습니다. 니체는 율리우스 마이어의 에너지 불변의 법칙에 의거하여 이 세계에 존재하는 '힘에의 의지들'의 총량이 불변한다고 생각하였습니다. 각 개체들과 개별 사건들은 '힘에의 의지들'의 조합이 달라지면서 생깁니다. 그런데 '힘에의 의지들'의 총량이 제한되어 있기 때문에, 조합될 수 있는 경우의 수도 제한되어 있습니다. 다시 말해 나타날 수 있는 개체들과 개별 사건들의 수는 제한되어 있습니다. 이에 반해 시간은 무한합니다. 유한한 개체들과 개별 사건들이 무한한 시간 동안에 나타나기 때문에, 그것들은 반복해서 나타나게 됩니다.

그러나 저는 영원회귀사상을 과학적으로 증명할 수 있는 가설이라기보다는 사람들을 실존적 결단으로 몰아가는 실험적 사상으로 보고 싶습니다. 영원회귀사상은 사람들로 하여금 고난과 고통으로 가득한 생이 영원히 반복되더라도 그것을 흔쾌히 긍정할 것이냐 아니면 부정할 것이냐라는 결단 앞에 세우는 사상입니다.

"그것이 삶이었던가? 자! 그럼 다시 한번!"이라고 선언하면서 자신의 삶을 흔쾌하게 긍정하고, 그것이 영원히 반복돼도 좋다고 생각하는 순간이 바로 우리의 생명력이 차고 넘치게 되는 순간입니다. 그 순간 세계는 매 순간이 의미와 아름다움으로 충만한 세계로 나타납니다.

예를 들어 우리가 등산을 할 때 육체와 정신이 강한 사람은 전혀 힘들어 하지 않을 것입니다. 그는 놀러 온 듯이 산을 타겠지요. 이런 사람에게는 아무리 험한 산이라도 그저 즐겁게 느껴지고, 험하면 험할수록 숭고한 아름다움을 지닌 산으로 다가올 것입니다. 반면에 육체와 정신이 나약한 사람은 등산 자체부터 의미 있는 것으로 느끼기 어려울 것입니다. 이런 그가 험한 산을 아름답게 느끼는 것은 더욱 어려울 것입니다. 오히려 그 산은 그를 쓸데없이 괴롭히는 저주의 산으로 나타날 것입니다.

그에게는 이 산을 오르는 시간이 무의미하고 고통스러운 시간으로 여겨집니다. 그는 마지못해 억지로 산을 오르면서 줄곧 이렇게 자문할 것입니다. '내가 왜 이 산을 올라가야만 하지?' '이 산을 올라가는 것은 어떤 의미를 갖는 것일까?' 그러면서 정상에 가면 천국이나 공산주의와 같은 유토피아가 자신을 기다리고 있을 것이라고 상상합니다. 그리고 그러한 유토피아에 도달하는 것이야말로 그 산을 올라가야 하는 이유이자 목표라고 생각할 것입니다. 유토피아라는 허구가 그들에게 산을 올라갈 힘을 주는 것이지요.

위에서 언급한 산은 우리의 삶을 상징합니다. 전통적인 이원론에 사로잡혀 사는 사람들은 현세에서의 삶을 흔쾌하게 짊어질 수 있는 힘을 갖지 못한 나약한 인간들입니다. 이들은 유토피아와 같은 허구를 만들어서 그것에 기대면서 간신히 삶을 버텨 갑니다. 그는 강력한 생명력을 가진 사람들처럼 매 순간을 기쁘게 살지 못합니다. 그는 인생은 고통이라고 생각하면서 그러한 고통이 끝나는 천국이나 유토피아에 들어갈 날만 기다립니다.

니체의 삶은 어땠을까요? 니체의 삶은 혹독한 병마와 어느 누구에게도 인정받지 못하는 고독으로 힘들었지만, 니체는 자신의 삶을 흔쾌하게 긍정했습니다.

뱀의 머리를 물어뜯으라!

영원회귀사상을 설파하고 있는 「환영과 수수께끼에 대하여」라는 장은 차라투스트라가 지복의 섬을 떠나기 위해 배를 타는 장면과 함께 시작합니다. 차라투스트라는 배를 탄 후 이틀 동안 아무 말도 하지 않습니다. 그러나 얼마 지나지 않아 그는 배의 선원들이 자신의 말을 알아들을 수 있는 자들이라 판단하고 입을 엽니다. 이는 그가 선원들이 전통적인 가치들에 얽매이지 않고 새로운 가치를 찾는 자들이라 판단했기 때문입니다. 위험한 탐험을 무릅쓰고 수수께끼를 찾아나서는 선원들의 모습을 보면서 차라투스트라는 그들이 창조적 역동성과 자유로움을 갖춘 자들이며 초인의 이상에 근접해 있다고 생각합니다.

차라투스트라는 선원들에게 자신이 보았던 수수께끼와 환영에 대해서 이야기합니다. 우선 차라투스트라는 '반은 난쟁이, 반은 두더지이면서 절름발이의 모습으로 차라투스트라의 어깨 위에 걸터앉아 자신에게 말을 걸었던 중력의 정신'에 대해서 이야기합니다. 중력의 정신은 차라투스트라의 내면에 존재하는 하강의 정신을 의미합니다. 이러한 정신은 '차라투스트라의 발을 밑으로 잡아당겨서 심연으로 끌고 가려는 정신'입니다. 차라투스트라는 그것을 자신의 악마이자 숙적이라고 부릅니다. 중력의 정신은 이렇게 말합니다.

"오오, 차라투스트라여! 그대 지혜의 돌이여, 투석기의 돌, 별의 파괴자여! 그대는 그대 자신을 그렇게 높이 던졌다. 그러나 던져진 돌은 모두 떨어질 수밖에 없다!
그 돌은 그대 자신에게 돌아가 그대 자신을 때려죽일 수밖에 없다. 오오, 차라투스트라여! 그대는 정녕 돌을 멀리 던졌지만, 돌은 그대 위에 다시 떨어질 것이다."

이 중력의 정신은 차라투스트라에게 자신을 고양시키려는 노력은 모두 헛되며 차라투스트라는 다시 말세인으로 전락할 수밖에 없다고 말합니다. 중력의 정신은 영원회귀사상을 모든 것이 헛되게 반복한다는 염세주의적 사상으로 해석하려고 하는 것입니다. 그러나 차라투스트라는 영원회귀사상을 양면적으로 해석합니다. 연약한 자들은 그 사상의 무게에 짓눌려 염세주의에 빠질 수 있습니다. 그러나 강한 자들은 오히려 훨씬 더 강한 생명력을 가질 수 있습니다. 따라서 차라투스트라는 "난쟁이여! 너! 아니면 나다!"라고 말하면서 중력의 정신에게 위압적으로 맞섭니다. 차라투스트라는 자신이 옳다고 믿습니다.

이어서 영원회귀사상이 비유적으로 제시됩니다. 차라투스트라는 자신과 난쟁이가 멈춰선 곳에 있는 출입구를 가리키며 이렇게 말합니다.

"그것은 두 개의 얼굴을 가졌다. 두 길이 여기서 만나고, 이 길들의 끝까지 가 본 사람은 아직 없다.
뒤로 나 있는 이 기다란 오솔길은 영원으로 통한다. 밖으로 나 있는 저 기다란 길은 또 하나의 영원으로 통한다.
이 길들은 서로 모순된다. 그러면서 이 길들은 서로 정면으로 부딪힌다. 그리고 두 개의 길들이 합쳐지는 곳은 바로 이 성문이다. 성문의 이름은 위쪽에 쓰여 있다, '순간'이라고."

여기서 두 길은 과거와 미래를 의미합니다. 과거와 미래가 현재라는 순간을 기점으로 하여 영원히 이어져 있습니다. 차라투스트라는 이 두 길이 무한히 계속되면 서로 마주칠 것이라고 말합니다. 여기서 차라투스트라는 영원회귀사상에 입각하여 과거와 미래 그리고 현재가 둥근 고리로 이어져 있다고 말하고 있습니다. 그리하여 영원한 회귀 속에서 미래는 언젠가의 과거이고 과거 또한 결국 미래가 되고 현재가 됩니다.

이 말을 듣고 난쟁이는 경멸조로 웅얼거립니다.

"모든 진리는 곡선이다. 시간 자체가 하나의 원환이다."

이 말을 듣고 차라투스트라는 무섭게 화를 내면서 "너무 쉽게 생각하지 말라"고 외칩니다. 이는 난쟁이가 영원회귀사상을 하나의 지식으로서 말할 뿐이지 체득하지는 못했다는 사실을 의미합니다. 난쟁이는 영원회귀사상을 온몸으로 받아들이는 주체적인 결단을 하지 않고 방관자처럼 말하고 있을 뿐입니다.

차라투스트라는 이렇게 현재와 과거 그리고 미래가 원환을 이루면서 영원히 서로 꼬리를 물고 달리기 때문에 시간의 길에서 달릴 수 있는 모든 것은 이미 한 번은 이 길을 달렸다고 말합니다. 그는 이렇게 말합니다.

"달빛 속을 기어가는 이 느린 거미, 달빛 자체, 그리고 영원한 사물들에 대해서 함께 속삭이면서 성문 앞에 서 있는 너와 나, 우리 모두는 이미 존재했음에 틀림없지 않은가?"

차라투스트라의 말에 압도되어 난쟁이가 도망가고 난 후, 차라투스트라는 끔직한 광경을 보게 됩니다. 그는 몸을 비틀면서 캑캑거리고 경련을 일으키며 얼굴을 찡그리고 있는 어떤 '젊은 목자'를 봅니다. 그의 입에는 검고 묵직한 뱀 한 마리가 매달려 있습니다. 여기서 검고 육중한 뱀은 모든 것이 더 나아지지 않고 다만 무한히 반복될 뿐이라는 영원회귀사상을 상징합니다. 목자의 목에 뱀이 걸려 있다는 사실은 목자가 아직은 영원회귀사상을 받아들이지 못하고 있다는 것을 의미합니다.

차라투스트라가 그 뱀을 목자로부터 떼어 내려고 하는데 아무리 애를 써도 뱀은 나오지 않습니다. 이는 영원회귀사상은 타인의 도움이 아니라 오직 자기 자신만의 힘으로 소화해야 한다는 사실을 상징합니다. 따라서 차라투스트라는 목자에게 뱀의 머리를 '물어뜯으라'고 외칩니다. 그 말을 들은 목자는 과감하게 뱀의 머리를 물어뜯어 죽입니다. 그 순간 목자는 새로운 인간으로 다시 태어납니다. 자신이 겪었던 그 모든 고통과 고난이 똑같이 반복되어도 좋다고 외칠 수 있는 강력한 생명력이 넘치는 인간으로 변화된 것입니다. 차라투스트라는 이렇게 말합니다.

"목자는 나의 절규가 권한 대로 깨물었다. 그는 아주 잘 깨물었다! 그는 뱀의 머리를 멀리 뱉어 버렸다. 그리고는 힘차게 뛰어올랐다.

이제 더 이상 목자도 인간도 아니고, 변신한 자, 빛에 둘러싸여 있는 자로서 그는 웃었다! 일찍이 그가 웃었던 것처럼 웃은 사람은 한 명도 없었다.

오오, 나의 형제들이여! 인간의 웃음소리가 아닌 웃음소리를 나는 들었던 것이다."

영원회귀를 긍정하는 사람은 초인이 되었기에, 여기서의 웃음은 더 이상 인간의 웃음이 아니라 초인의 웃음입니다.

영원회귀사상은 뱀의 머리를 물어뜯는 것과 같은 실존적 결단을 요구하는 사상입니다. 이러한 실존적 결단을 한 사람만이 이 사상을 제대로 이해할 수 있습니다. 이런 사상은 머리로 이해할 수 있는 사상이 아니라 온 인격이 송두리째 변하는 실존적 체험을 통해서만 이해할 수 있습니다. 영원회귀사상을 체화한 사람에게 세계가 어떻게 나타나는지를 차라투스트라는 「쾌유하는 자」에서 이렇게 묘사합니다.

"모든 것이 가고 모든 것이 되돌아온다. 존재의 수레바퀴는 영원히 돌고 돈다. 모든 것은 시들고 모든 것은 다시 피어난다. 존재의 해年는 영원히 흐른다.

모든 것은 부서지고, 모든 것은 다시 짜 맞춰진다. 동일한 존재의 집이 영원히 지어진다. 모든 것은 헤어지며, 모든 것은 다시 만나 인사를 나눈다. 존재의 바퀴는 이렇듯 영원히 자신에게 충실하다.

매 순간마다 존재는 시작된다. 모든 여기를 중심으로 저기

의 공이 굴러간다. 중심은 도처에 있다. 영원이라는 오솔길
은 굽어 있다."

전통적 이원론에서는 세계의 중심은 신이나 천상의 세계에 있
었습니다. 그러나 영원회귀를 긍정하는 자에게 중심은 세계 도처에
있고 매 순간마다 있습니다. 따라서 영원회귀의 세계에서 모든 것
은 권태로운 모습으로 똑같이 되돌아오는 것이 아니라 매 순간순간
이 의미와 아름다움으로 충만한 상태로 되돌아옵니다.

대도시에 침을 뱉으라!

「지나쳐 버리는 것에 대하여」라는 장은 차라투스트라가 어떤 '바보'와 나누는 대화로 이루어져 있습니다. 차라투스트라는 많은 민중과 온갖 도시를 천천히 거쳐 나아가면서 자신의 산과 동굴로 되돌아가고 있었습니다. 차라투스트라가 어떤 대도시의 문에 이르렀을 입에 거품을 문 바보가 두 손을 벌리면서 뛰어나와 그를 가로막았습니다. 이 사람은 바로 민중이 '차라투스트라의 원숭이'라고 부르는 바보였습니다. 그가 그렇게 불렸던 것은 차라투스트라의 화법을 흉내 내고 차라투스트라의 지혜를 자주 빌려 썼기 때문입니다. 바보는 차라투스트라에게 이렇게 말합니다.

"오 차라투스트라여, 여기는 대도시다. 여기엔 당신이 찾을 게 아무것도 없고 모두가 잃을 것들뿐이다.

그대는 왜 이 진흙탕을 걸으려고 하는가? 그대의 발을 동정하라! 차라리 이 성문에 침을 뱉고 돌아서라!

은둔자가 사색하기에는 여기는 지옥이다. 여기서는 위대한 사상들이 산 채로 삶아져 잘게 요리된다.

여기에선 온갖 위대한 감정들이 부패하고 여기에선 오직 바싹 마른 감정들만이 소리를 낼 수 있다!

당신은 이미 정신의 도살장과 요릿집 냄새를 맡지 않는가? 이 도시는 도살된 정신의 냄새로 자욱하지 않은가?

당신은 축 늘어진 더러운 넝마처럼 영혼이 매달려 있는 것을 보지 않는가? 그리고 사람들은 그 넝마들로 신문을 만들어 낸다.

[⋯]

끈질기게 추근거리는 자들, 파렴치한 자들, 입과 붓으로 선동하는 자들, 과열된 야심가들로 이루어진 이 도시에다 침을 뱉으라!

[⋯]

왕후는 생각하지만 결정하는 것은 ― 소상인이다!

[…]

이 소상인들의 도시에 침을 뱉고 돌아가라!"

우리는 현대사회에 침을 뱉으면서 홀로 고고한 척하는 사람들을 주위에서 어렵지 않게 발견할 수 있습니다. 이들은 강단이나 책을 통해서 자본주의적인 상업도시를 비난합니다. 이들에 따르면 상업도시에서는 위대한 사상들마저 한갓 상품으로 전락하며, 위대한 감정들은 사라지고 이해타산적인 정신만이 사람들을 지배합니다. 위대한 정신들은 다 도살당하고 넝마처럼 초라한 영혼만이 살아남습니다. 평등과 공정을 내세우지만 실은 사람들의 시기심과 원한을 이용하여 권력을 잡고 싶어 할 뿐인 야심가들이 설칩니다. 이 도시를 지배하는 것은 돈은 많지만 영혼은 빈약한 상인들입니다.

바보의 말은 우리가 흔히 고상하다고 생각하면서 자주 들어 온 말이고, 사실상 차라투스트라가 하는 말과 다를 바가 없어 보입니다. 그러나 차라투스트라는 바보의 말을 끝까지 듣지 못하고 바보의 입을 틀어막습니다. 차라투스트라는 이렇게 말합니다.

"나는 그대의 경멸을 경멸한다.

그리고 그대는 나에게 경고하면서 - 왜 그대 자신에게는
경고하지 않는가?

[…]

그러나 나는 그대를 투덜거리는 돼지라고 부르리라.

[…]

처음 그대를 투덜거리게 만든 것은 무엇인가?

누구도 그대에게 충분히 아첨하지 않았다는 것이다.

그래서 그대는 많은 불평의 근거를 얻기 위해서 이 쓰레기
더미에 앉았던 것이다.

허다한 복수의 근거를 얻기 위해서!

다시 말하면 그대 허영심 많은 바보여, 그대가 내뿜고 있는
온갖 거품은 복수다."

차라투스트라는 바보가 대도시를 비판하는 이유가 바로 대도
시에 대한 복수심 때문이라는 것을 꿰뚫어 봅니다. 그가 대도시에
대해서 원한을 갖게 된 것은 대도시가 그를 인정하지 않았기 때문입
니다. 대도시가 그에게 충분히 아첨하지 않았다는 것입니다. 대도

시에 대한 바보의 경멸은 순수하지 않습니다. 그 역시 자신이 경멸하는 도시인들처럼 남들의 찬양을 받고 싶어서 안달하는 속물에 지나지 않습니다.

바보는 차라투스트라가 대도시에 들어가는 것을 막지만 그마저도 차라투스트라를 위해서가 아닙니다. 그는 자신이 언젠가는 누릴 것이라고 기대하고 있는 명성을 혹시라도 차라투스트라가 가로챌까 걱정하는 것입니다. 따라서 차라투스트라는 바보에게 "그대의 경멸을 경멸한다"고 말하고 있습니다. 대도시에 대한 바보의 경멸은 대도시에 대한 원한에서 비롯된 것이기 때문입니다. 차라투스트라는 위대한 경멸을 요구합니다. 이러한 경멸은 항상 자신의 성장과 강화를 지향하는 자기비판이며 다른 사람들에 대한 사랑에 입각해 있습니다. 차라투스트라는 이렇게 말합니다.

"나의 경멸과 경고하는 새는 오직 사랑으로부터 날아올라야 하고 늪으로부터 날아올라서는 안 된다."

여기서 늪은 복수심과 원한 같은 감정들을 가리킵니다. 복수심과 원한은 사람들 사이의 바람직한 관계를 저해할 뿐 아니라 자기발전을 가로막습니다. 복수심과 원한에 사로잡힌 사람은 자신은 선하고 정의로운 반면, 상대방은 악하다고 단정하기에 자신을 발전시킬 생각이 없습니다. 그런데 우리가 진정으로 선하고 정의로운 경우는 많지 않습니다. 따라서 니체는 우리가 복수심이나 원한을 품고 상대방을 음해하기보다는 상대방과 정정당당하게 대결을 할 것을 요구합니다. 상대방에게 유감스러운 점을 이야기하고 상대방이 설득력 있는 답변을 한다면 바로 원한을 풀면 됩니다. 만약 상대방이 도저히 말도 안 되는 소리로 자신을 합리화하려고 한다면 그를 무시해 버리면 그만입니다. 차라투스트라는 이렇게 말합니다.

> "이 대도시는 이 바보만이 아니라 나도 구역질을 하게 만든다.[⋯]
> 이 대도시에 재앙이 있을진저! 그리고 나는 이 대도시를 불태워 버릴 불기둥을 기어코 볼 수 있기를 원한다!
> 왜냐하면 그런 불기둥이 위대한 정오에 앞서 와야만 하기 때문이다.
> 그렇지만 이 일에도 자신의 때가 있으며 자신의 운명이 있는 것이다.

더 이상 사랑할 수 없는 곳에서는 지나쳐 버려야만 한다!"

　차라투스트라는 이렇게 말하고는 바보와 대도시를 지나칩니다. 여기서 불기둥이란 대도시를 지배하는 거짓된 가치들을 파괴하는 것을 말합니다. 이러한 파괴 후에 위대한 정오가 옵니다. 위대한 정오는 모든 것을 가리는 그림자들이 완전히 사라진 시간입니다. 다시 말해 위대한 정오는 디오니소스적인 생명력으로 넘치는 이 세계를 가리는 모든 거짓된 가치가 붕괴되고, 이 세계가 자신의 모습을 온전히 드러내는 시간입니다.

　『화엄경』에 '똑같은 물도 소가 먹으면 우유가 되고, 독사가 먹으면 독이 된다'는 말이 있습니다. 동일한 기독교의 가르침이라지만, 어떤 사람은 그러한 가르침을 따름으로써 기독교를 믿지 않는 사람들까지도 존경하는 성자가 됩니다. 이에 반해 어떤 사람은 동일한 가르침을 가지고 자신과 생각이 다른 사람들을 화형장에 세워 처단하는 인간이 됩니다. 마르크스주의와 같이 사해동포주의를 내세운 사상도 마찬가지입니다. 어떤 사람은 그 사상을 신봉하면서 진정한 사해동포주의자가 되지만, 어떤 사람은 자신과 생각을 달리하는 사람들을 무자비하게 처단하는 악마가 됩니다. 차라투스트라는 자신의 말도 그렇게 남용될 수 있다는 사실을 잘 알고 있었습니다. 차라투스트라의 말을 복수와 원한으로 가득 찬 정신을 통해서 독으로 변화시킨 대표적인 집단이 나치였습니다.

세 가지 악덕

　　　　육욕, 지배욕, 이기심은 동서고금을 막론하고 최
고의 악덕들로 단죄받아 왔습니다. 그러나 차라투스트라는 이러한
평가를 부당하다고 보면서 그것들을 재평가하려고 합니다. 차라투
스트라는 건강한 육욕과 지배욕과 이기심이 있는 반면에, 병든 육욕
과 지배욕과 이기심이 있다고 봅니다. 건강한 육욕과 지배욕과 이
기심은 건강하고 고귀한 자들에게서 보이는 반면에, 병든 육욕과 지
배욕과 이기심은 병들고 천박한 자들에게서 보입니다. 따라서 차라
투스트라는 육욕과 지배욕과 이기심 자체를 부정하지 않고 병든 육
욕과 지배욕과 이기심을 부정합니다.

육욕은 육체를 경멸하는 병든 자들에게는 그들을 괴롭히는 바늘이고 가시입니다. 그들은 육욕을 악으로 간주하면서 근절하려고 하지만 절대로 그렇게 되지 않습니다. 따라서 그들은 바늘에 찔리듯이 항상 죄책감을 느낍니다. 천상세계가 실재한다고 믿는 자들은 육욕을 거짓된 속세에 속하는 것으로 간주하면서 저주합니다. 그러나 육욕은 그 어떤 것보다 강하게 작용합니다. 따라서 육욕은 이원론을 가르치는 엉터리 교사들인 성직자들을 비웃으며 우롱합니다.

자신에 대한 통제력이 미약한 천민은 육욕의 노예가 됩니다. 천민은 육욕의 불길에 사로잡혀 순식간에 방탕해집니다. 그러나 자신을 적절하게 통제할 수 있는 자유로운 정신에게 육욕은 무구하고 순수한 것이며 지상에서 맛볼 수 있는 최고의 행복입니다. 또한 육욕으로 인해 새로운 생명이 탄생하기에, 육욕의 충족에서 얻는 행복은 '앞으로 태어날 자'들이 '자신을 낳는 자'들에게 감사의 표시로 선사한 것입니다.

육욕은 마르고 시든 허약한 자들에게만 달콤한 독이 됩니다. 그들은 그것의 달콤함을 탐하다가 몸을 상하게 되고 정신도 황폐하게 됩니다. 그러나 육욕은 사자의 의지를 가진 자에게는 위대한 활력소입니다. 이들은 이성의 관심을 끌기 위해서 위대한 예술작품을 낳는 등 위대한 행위를 합니다.

육욕은 최고의 희망인 초인을 낳는 행복의 원천입니다. 니체는 결혼의 목적은 자신들보다도 더 뛰어난 인간인 초인을 낳는 것이라고 보았습니다. 니체는 초인을 낳기 위해서는 뛰어난 남녀들만이 결합을 해야 한다고 보았습니다.

지배욕은 건강하고 고귀한 자들에게는 자신을 강화하도록 채찍질하는 것으로 작용합니다. 니체는 타인을 지배하기 위해서는 우선 자신을 지배해야 한다고 보았습니다. 고귀한 인간은 타인을 지배하기 전에 먼저 자신을 가혹하게 훈련합니다. 고귀한 인간이 부당한 지배에 대해서 항거할 수 있는 것도 그에게 존재하는 지배욕 때문입니다. 그는 부당한 지배에 굴종하는 자신을 경멸합니다. 따라서 고귀한 인간의 지배욕은 썩어 있고 천박하고 애매한 모든 가치를 때려 부수는 지진입니다. 그는 활력을 잃은 과거의 가치를 분쇄합니다. 그는 여러 도시와 나라를 향해 소리를 지릅니다. "너 따위는 물러가라!" 이런 의미에서 지배욕은 위대한 경멸을 가르치는 교사입니다.

지배욕에 이끌려 고귀한 자들은 순결하고 고독한 자, 높은 곳에서 자족하는 자로 높아집니다. 그들은 자신이 누리는 행복을 사람들에게 선사하고 싶어 합니다. 따라서 이러한 지배욕은 권력을 갈망하면서 높은 곳에서 내려옵니다. 그러나 이것은 자신의 공허하고 빈약한 삶을, 약한 사람들에게 권력을 휘두름으로써 채우려는 '병적인 욕망'이 아닙니다. 그러한 갈망과 하강에는 아무런 유약함의 흔적도 없습니다. 고귀한 자들은 오히려 자신의 넘쳐흐르는 힘을 선사하려 합니다.

물론 천민들이 갖는 병든 지배욕도 있습니다. 이들은 자신보다 약한 자들을 찾아 지배하려고 합니다. 병든 지배욕은 아이들 사이에서는 약한 아이들을 골라 괴롭히는 형태로 나타나고, 성인들 사이에서는 불리한 위치에 있는 사람들에게 갑질을 하는 형태로 나타납니다. 병든 지배욕에 사로잡힌 사람들은 아무런 저항도 받지 않고 너무나 쉽게 우월감을 느끼고 싶어 합니다. 그러나 건강한 지배욕을 가진 고귀한 자들은 최소한 자신과 대등하거나 이왕이면 자신보다 우월하게 보이는 상대를 찾아 대결합니다.

차라투스트라는 이기심에도 병들고 불행한 이기심과 건강하고 행복한 이기심이 있다고 봅니다. 병든 이기심은 남의 것을 약탈해서라도 자신만을 살찌우려는 탐욕스러운 이기심입니다. 이러한 이기심으로 차 있는 사람은 사실 내적인 공허감과 불안감에 사로잡혀 있는 사람입니다. 그는 재물이나 권력 혹은 명예에 의지하여 자신의 공허감과 불안감을 극복하려고 합니다. 그러나 재물이나 권력 혹은 명예를 더 많이 가질수록 그는 그것들에 예속됩니다. 재물과 권력이 사라질까 두려워하고 그것들이 사라지면 자신의 인생도 끝난다고 생각합니다. 그는 재물이나 권력 혹은 명예를 더 많이 갖고 싶어 하면서 자기보다 더 많이 가진 자를 시기합니다. 그는 행복하지 않습니다.

건강하고 행복한 이기심은 드높은 육체, 아름답고 승리감에 넘치는 싱싱한 육체를 갖고 있는, 힘찬 영혼이 갖는 이기심입니다. 이러한 영혼과 육체는 춤추며 자신을 즐깁니다. 차라투스트라는 이러한 자기향유야말로 진정한 덕이라고 말합니다. 자신을 향유하는 자는 모든 비겁한 것을 물리칩니다. 그는 "악이란 비겁함이다!"라고 말합니다. 사회의 눈치를 보면서 자신이 즐겨야 할 때 즐기지 못하는 것은 비겁함 때문이고, 이러한 비겁함이야말로 악이라는 것입니다.

자기를 향유하는 자는 항상 걱정하고 한숨 쉬며 불평하는 자, 또는 조그마한 이익이라도 주워 모으는 자를 가장 경멸합니다. 그는 "모든 것은 허무하다!"고 항상 탄식하는 지혜도 물리칩니다. 이러한 지혜로 니체는 쇼펜하우어식의 염세주의 철학을 가리키고 있습니다. 자기를 향유하는 자는 소심함이나 세상에 대해서 심하게 불평하는 지혜도 천하게 봅니다. 왜냐하면 그것들은 비겁한 영혼의 본성이기 때문입니다.

자기를 향유하는 자는 또한 쉽게 아첨하는 자, 아무 땅에라도 드러눕는 개처럼 비굴한 자를 천하게 봅니다. 세상에는 이처럼 비굴한 지혜도 존재합니다. 이러한 지혜로 니체는 권력에 아부하는 강단철학을 가리키고 있습니다. 니체는 헤겔을 비롯한 대부분의 강단철학자를 자신들의 자리를 유지하기 위해 국가와 종교기관의 눈치를 보는 어용철학자라고 보았습니다.

자기를 향유하는 자는 또한 자기를 수호할 의지가 없는 자, 지나치게 참을성이 많은 자, 모든 것을 참고 견디는 자, 모든 것에 만족하는 자를 증오하고, 이런 자들에 구토를 느낍니다. 이런 자들의 태도야말로 노예근성에서 비롯되는 것이며, 과거 노예가 주인에게 보였던 태도이기 때문입니다.

건강하고 행복한 이기심의 소유자들은 '신들의 발길질'에 비굴하게 복종하는 것이든, 인간과 인간의 어리석은 의견에 복종하는 것이든 전부 노예근성의 발로라고 봅니다. '신들의 발길질'이라는 말에서 우리는 운명을 떠올리게 됩니다. 니체는 운명애를 말하지만,

운명애는 운명을 체념적으로 받아들이는 태도가 아닙니다. 운명애는 자신의 운명을 성장을 위한 긍정적 요소로 전환하는 것입니다. 건강하고 행복한 이기심의 소유자들은 '짓밟히고 꺾이고 비굴한 모든 태도'를 악이라고 부릅니다.

사이비 현인들, 모든 성직자, 세상에 지쳐 버린 염세주의자, 노예근성에 사로잡힌 자들은 그동안 이기심 자체를 악으로 단죄해 왔습니다. 그들은 자기를 등한시하고 남들만 생각하는 이타심을 선이라고 불렀습니다. 이에 반해 정말로 어렵고 중요한 것은 행복한 존재가 되는 것입니다. 이렇게 진정으로 행복하고 자기를 향유하는 자만이 남의 것을 탐하거나 뺏으려고도 하지 않으면서 자신의 행복을 나누어 줄 수 있습니다.

자신에 대한 당당한 긍지를 갖고 자기 자신에 만족하는 자, 그리고 자신의 삶을 향유할 줄 아는 자, 이런 자의 자아를 차라투스트라는 건전하고 신성한 것이라 말합니다. 그리고 그런 자의 이기심을 지극히 복된 것이라 선언합니다.

모든 위대한 것은
시장과 명성으로부터 멀리
떨어져 있는 곳에서 생겨난다

우리는 본질적으로 힘에의 의지입니다. 자기 자신을 고양시키고 자신의 위대함과 힘을 느끼고 싶어 하는 의지입니다. 그러나 우리 내면에는 우리를 끌어내려 낮은 단계에 안주하게 만드는 정신이 있습니다. 우리는 앞에서 차라투스트라가 이러한 정신을 중력의 정신이라고 부르고 있는 것을 보았습니다. 중력의 정신이 우리를 지배하게 될 때 힘에의 의지는 힘을 잃고 병들게 됩니다. 힘에의 의지가 자신을 고양시키기 위해서는 무엇보다도 중력의 정신과 투쟁하지 않으면 안 됩니다. 차라투스트라는 인간은 자신을 초극하는 존재라고 말하고 있지만, 이러한 자기초극이란 중력의 정신을 극복하는 것을 의미합니다.

차라투스트라는 「중력의 정신에 대하여」라는 제목의 장에서 중력의 정신이 무엇인지 이야기합니다. 중력의 정신은 고양하려는 자, 새처럼 날아오르려는 자의 철천지원수입니다. 천상의 삶을 희구하는 자들이나 염세주의자들처럼 대지와 삶을 힘겹게 느끼면서 부정하는 자들이야말로 중력의 정신에 의해서 가장 크게 지배받는 자들입니다.

요람 속에 있을 때부터 사람들은 아이에게 '선'과 '악'이라는 말을 가르칩니다. 그리하여 자기를 온전히 사랑하지 못하게 합니다. 사람들은 자기가 어떻게 하면 행복하고 건강하게 성장할 수 있는지를 고민하지 않고, 사회가 자신에게 부과한, 이른바 선한 가치들을 어떻게 실현할 수 있는가에 대해서만 고민합니다. 차라투스트라는 이것 또한 중력의 정신이 그렇게 만든 것이라고 말합니다.

사람들은 선한 가치라는 무거운 짐을 어깨 위에 짊어지고 험준한 산을 넘어갑니다. 그러면서 "인생이란 짊어지기엔 힘든 것이다!"라고 말합니다. 이는 그가 낙타처럼 타인의 짐을 너무나 많이 짊어지고 가기 때문입니다. 이 때문에 그에게는 인생이 삭막하기 그지없는 사막으로 여겨집니다. 그는 자기 내면에 얼마나 많은 훌륭한 잠재력이 깃들어 있는지, 그가 얼마나 멋있는 개성을 가지고 있는지를 깨닫지 못합니다.

차라투스트라는 우리가 우리 자신만의 '선'과 '악'을 발견해야 한다고 말합니다. 자신만의 '선'과 '악'을 발견한 자는 곧 자기 자신을 발견한 자입니다. 그는 이를 통해 '만인에 대한 선, 만인에 대한 악'이 있다는 통념을 극복합니다. 자신을 발견한 자는 까다로운 취향을 갖습니다. 그는 자신의 삶에 자기만의 독자적인 스타일을 부여한 자입니다. 그는 자신의 열정과 에너지를 마음껏 발휘하면서 창공을 나는 새처럼 살아갑니다.

차라투스트라는 새처럼 가볍게 날기를 바라는 자는 자기 자신을 사랑하지 않으면 안 된다고 말합니다. 물론 이 경우 자기애는 건강한 자들의 자기애를 기리킵니다. 병들고 탐욕스러운 자들의 경우에는 자기애조차도 악취를 풍깁니다. 이들의 자기애는 이웃사랑에 의지합니다. 이들은 이웃에게 자그마한 친절과 도움을 베풀고 그들로부터 선량한 사람이라는 찬양을 얻습니다. 이들은 자기 자신에게는 사랑할 만한 가치가 없기에, 이웃이 자신을 찬양하도록 꾀어 내고 이를 통해서 자신을 '사랑할 만한 가치가 있는 인간'으로 느끼려고 합니다.

진정한 자기애는 사랑할 만한 가치를 갖는 자가 자기 자신에 대해서 갖는 긍지에 바탕을 두고 있습니다. 그런 자는 진정으로 지혜롭고, 독립적이고 자유로우며, 용기가 있고, 고난과 고통에도 불구하고 삶을 흔쾌히 긍정하는 자입니다.

반면에 병든 자들은 남들을 '악한 자'로 부르고 자신은 '선한 자'로 부르는 방식으로 자신을 사랑합니다. 그러나 이들은 사실 자신보다 성공한 자들에 대한 원한과 시기로 가득 차 있습니다. 이들은 성공한 자들이 불법적인 방법으로 잘살게 되었다고 분개합니다. 그리고 자신들도 이들처럼 불법을 저질렀으면 성공하고도 남았을 것이라고 기염을 토합니다. 이들은 자신이 남들보다 열악한 상태에 있는 것은 자신이 남들보다 선하기 때문이라고 기만하며, 자신보다 성공한 자들을 '악한 자'로 부르면서 원한을 품습니다.

선하다는 것이 온갖 증오와 시기에서 벗어난 상태를 의미한다면, 이들은 사실은 선하지 않습니다. 이들은 자신에 대해서 선한 자라는 긍지를 갖고 있는 것처럼 보이지만, 사실은 열등의식과 피해의식에 사로잡혀 있습니다. 이런 자들이 다른 사람들을 사랑하기는 힘듭니다. 이들은 어떻게든 남의 흠을 찾아내어 우월감을 맛보려 합니다.

자신에 대해서 여유가 있는 자, 자신에 대해서 긍지를 갖는 고귀한 자들만이 자신을 사랑할 수 있으며 남들을 사랑할 수 있습니다. 그러나 그들은 자신의 격에 맞는 사람들만을 자신의 친구로 삼습니다. 그들은 친구가 없다고 해서 힘들어하지 않습니다. 저열한 인간들에 의해 둘러싸여 있느니 차라리 고독이 더 낫다고 생각합니다. 이들은 인간을 '선량한 인간'이냐 '악한 인간'이냐로 구분하지 않습니다. 그들은 인간을 '훌륭한 인간'이냐 '저열한 인간'이냐로 구분합니다. 그들은 설령 적이라도 그 적이 용기와 지혜 그리고 품격을 갖춘 사람이면 훌륭한 자로 인정하면서 친구가 되려고 합니다. 차라투스트라는 「낡은 서판과 새로운 서판」이란 제목의 장 21절에서 이렇게 말합니다.

"그대들은 증오할 적만을 가져야 한다. 경멸할 적을 가져서는 안 된다. 그대는 그대의 적을 자랑스러워해야 한다."

피해의식과 원한에 사로잡혀 타인을 악한 자들로 비난하기에 바쁜 자들은 서로 뭉칩니다. 그들은 무리를 지어 다른 사람들을 비난하고 자신들끼리는 서로 감싸 줍니다. 차라투스트라는 「시장의 파리떼」에서 이렇게 말하고 있습니다.

> "고독이 끝나는 곳에서 시장이 시작된다. 그리고 시장이 시
> 작되는 곳에 위대한 배우들의 소음과 독파리떼의 윙윙거리
> 는 소리가 시작된다."

　여기서 위대한 배우들은 대중의 인기를 끄는 사람들이고, '독파
리떼'는 정의와 평등을 내세우지만 실은 원한과 시기로 가득 차 있
는 자들을 가리킵니다. 배우들은 대중을 열광시키는 것을 설득시키
는 행위라고 착각합니다. 배우들에 현혹된 대중들은 그들을 위인이
라고 부릅니다. 대중은 사람들에게 항상 자기편인지 아닌지를 분명
히 할 것을 요구합니다. 대중은 좌파와 우파, 서민과 부자, 친일파와
반일파 등으로 서로 패를 가르고 사람들에게 어느 한 패에 분명하게
설 것을 요구합니다. 이들은 자신들의 관점에 고착되어 있습니다.
그들에게는 다양한 관점에서 사태를 유연하게 볼 수 있는 자유로운
정신이 결여되어 있습니다. 시장의 파리떼를 지배하는 것도 중력의
정신입니다. 차라투스트라는 이렇게 말합니다.

"모든 위대한 것은 시장과 명성에서 멀리 떨어져 있는 곳에서 생겨난다. 예로부터 새로운 가치를 창조하는 자는 시장의 명성에서 떨어져 살았다.

달아나라, 벗이여! 그대의 고독 속으로! 나는 그대가 독을 가진 파리들에게 마구 찔리는 것을 본다. 달아나라, 거칠고 강한 바람이 부는 곳으로!

그대의 고독 속으로 도망쳐라!"

니체는 『이 사람을 보라』에서도 이렇게 말합니다.

"나는 **고독**을 필요로 한다. 이 경우 고독이란 건강을 회복하는 것, 나 자신에로 복귀하는 것, 자유롭고 가볍고 유희하는 공기를 마시는 것이다. ─ 나의 『차라투스트라』는 그 전체가 고독에 대한 찬가다."

낡은 서판과
새로운 서판

사람들은 자신이 무엇이 선이고 무엇이 악인지를 이미 잘 알고 있다고 생각합니다. 그래서 누구는 악하고 누구는 선하다고 자신 있게 말합니다. 이에 반해 차라투스트라는 「낡은 서판과 새로운 서판」에서 이렇게 말합니다.

"무엇이 선이며 무엇이 악인가? 그것을 아직 아무도 모른다. 창조하는 자를 제외하고는! 그런데 창조하는 자는 인간의 목표를 창조하고 대지에 의미와 미래를 부여하는 자다. 이 사람이야말로 비로소 '선'과 '악'을 창조할 수 있는 것이다."

창조하는 자는 전통적인 의미의 선과 악을 넘어서 새로운 선과 악을 창조하는 사람입니다. 전통적인 의미의 선과 악이란 무엇을 의미하는 것일까요? 그것은 민주주의 사회에서 살고 있는 오늘날의 우리가 당연한 것으로 따르고 있는 선악 관념입니다. 우리는 모든 사람이 고귀한 인권을 가지고 있다고 생각합니다. 따라서 우리는 다른 사람들에게 친절하게 대하고 도움을 주며 다른 사람의 아픔을 함께 나누는 것을 선하다고 생각합니다. 이에 반해 남에게 해를 끼치고 고통을 주고 남을 억압하고 착취하는 것은 악하다고 생각합니다.

이러한 선악 관념은 우리에게는 너무나 당연한 것으로 여겨집니다. 따라서 우리는 보통 이러한 관념이 과연 타당성을 갖는지, 그리고 어디에서 비롯된 것인지를 따져 볼 생각도 하지 않습니다. 아마 기원을 묻더라도 신으로부터 인간에게 주어졌거나, 원래부터 존재하는 양심에서 선악 관념이 비롯된다고 생각합니다.

그러나 니체는 양심이라는 것도 기독교의 신이 세속화되어서 나타난 것에 불과하다고 봅니다. 이른바 신의 말씀이 인간의 내면에 존재하는 양심이라는 것으로 전환되었다는 것이지요. 따라서 니체는, 우리에게 원래부터 선악을 분별하면서 선을 행하도록 촉구하는 양심이 존재했다고 주장하는 칸트의 철학도 기독교적인 사고방식에서 벗어나지 못했다고 봅니다. 니체는 우리가 갖고 있는 선악 관념은 신이 우리에게 부여한 것도 아니고, 양심에 원래부터 깃들어 있는 것도 아니며, 하나의 역사적인 산물일 뿐이라고 봅니다.

니체는 이러한 선악 관념이 인간을 강하게 만들기보다는 약화시키는 천박한 관념이라고 보았습니다. 그러한 선악 관념에서는 남에 대한 친절한 배려, 따뜻한 동정, 남에게 상처나 해를 주지 않으려는 선량함 등이 중요한 덕목으로 권장됩니다. 이러한 선악 관념이 지배하는 사회에서는 힘도 능력도 없고 노력도 하지 않는 사람이 유리합니다. 자신이 힘도 능력도 없고 노력도 하지 않아서 비참한 상태에 빠져도 다른 사람들이 따뜻한 동정심으로 도와줄 것이기 때문입니다. 니체는 이러한 선악 관념은 인간들을 결국 의존적이고 약한 인간으로 만들 것이라고 봅니다.

니체는 인간을 강하게 만들고 고양시키는 고귀한 선악 관념이 그리스·로마 사회를 지배했다고 봅니다. 그러나 이러한 고귀한 선악 관념은 전통적인 선악 관념에 의해서 망각되었습니다. 따라서 니체가 창조하려는 새로운 선악 관념은 일찍이 없었던 전혀 새로운 것이 아닙니다. 그는 기독교의 대두 이래로 망각되었고 모호한 형태로 그리스·로마의 고전문헌에 남아 있는 선악 관념을 개념적으로 명료한 형태로 제시함으로써 초인이 자라날 수 있는 토양을 마련하려고 합니다.

니체는 초인은 한 사람도 없었다고 말하지만 그럼에도 초인에 가까운 위대한 인간들은 항상 존재해 왔다고 봅니다. 다만 지금까지 그러한 인간들의 출현은 우연에 의한 것이었습니다. 이제 니체는 교육과 훈련을 통해서 계획적으로 초인을 육성해 내야 한다고 봅니다. 그는 자신의 철학이 초인들의 계획적인 육성을 위한 토대를 놓는 것이라고 생각했습니다. 이와 마찬가지로 니체는 자신이 창조하려고 하는 선악 관념도 역사적으로 이미 존재했었지만 아직 명료한 개념을 얻지 못했기에, 이를 명료하게 개념적으로 제시함으로써 새로운 시대를 열려고 합니다.

니체가 창조하려는 새로운 선악 관념은 사실은 카이사르나 나폴레옹과 같은 사람들이 가졌을 법한 선악 관념입니다. 또한 그것은 우리가 이러한 인물들을 위대한 인간들로 평가할 때 전제하는 선악 관념입니다.

카이사르나 나폴레옹은 세계를 정복하려는 거대한 야망을 지넜던 사람들입니다. 이들은 야망을 채우기 위해 다른 나라들을 침략하고 수많은 전쟁을 일으켰습니다. 전통적인 선악 관념에 따르면 이들은 악한 존재들입니다. 전쟁을 막기보다는 오히려 일으켰고 전쟁터에서 무수한 사람들을 살육했기 때문입니다. 그런데 우리는 이들을 위대한 인물로 봅니다. 왜 그럴까요? 바로 이들이 보통 사람들을 넘어서는 능력과 덕을 갖추었기 때문입니다.

카이사르는 뛰어난 웅변술과 인간적 매력을 소유하고 있었고, 탁월한 지략과 지도력의 소유자였으며, 한때 정적이었던 사람들까지 기꺼이 포용하는 관대한 사람이었다고 합니다. 카이사르는 또한 제1급의 문인으로도 알려져 있습니다. 나폴레옹은 솔직하고 담백한 인간성으로 병사들로부터 신뢰를 받았으며, 광대한 야심, 냉철한 현실파악, 과감한 행동력은 타의 추종을 불허할 정도였습니다. 카이사르와 나폴레옹은 남다른 지적인 탁월함과 강인한 의지 그리고 커다란 포용력의 소유자였습니다.

카이사르나 나폴레옹을 악인으로 간주하는 전통적인 가치관은 사람들을 선인과 악인으로 나눕니다. 이와 반대로 그들을 위대한 인간으로 간주하는 가치관은 사람들을 위대한 인간과 저열한 인간으로 나눕니다. 하나는 선악을 평가기준으로 하는 가치관이고, 하나는 위대함과 저열함을 평가기준으로 하는 가치관입니다. 첫 번째 가치관을 니체는 노예도덕이라고 부르고, 두 번째 가치관을 군주도덕이라고 부릅니다.

노예도덕이 모든 인간은 존귀하다고 보는 것에 반해, 군주도덕은 소수의 고귀하고 위대한 자들과 다수의 저열한 자들이 있다고 봅니다. 고귀하고 위대한 자는 죽음 앞에서도 자신의 명예와 자존심을 소중히 하는 인간인 반면에, 저열한 자는 눈앞의 이익과 안락에 급급하여 죽음 앞에서 목숨을 구걸합니다. 군주도덕은 고귀하고 위대한 소수가 저열한 다수를 지배해야 한다고 봅니다.

약자들은 강자들이 악하고 몰인정하기 때문에 자신들이 지배받는다고 생각합니다. 이들은 자신들이 약하기 때문에 지배받는다는 사실을 인정하지 않습니다. 이들은 지배자들이 사악하고 교활한 반면, 자신들은 선하기 때문에 지배받을 뿐이라고 자신들을 미화합니다. 이들은 자신들의 힘을 강화함으로써 강자의 지배로부터 벗어나려고 하지 않고, 자신들을 도덕적으로 선하다고 생각하면서 상상의 복수를 합니다. 이런 의미에서 차라투스트라는 이렇게 말합니다.

"진실하다는 것 – 이럴 수 있는 사람은 적다! 그리고 그렇게 될 수 있는 사람도 아직은 그렇게 되기를 바라지 않는다.
그런데 그렇게 되기가 가장 어려운 자들은 바로 선한 자들
이다.
오오, 이들 선한 자들이여! 선한 자들은 결코 진실을 말하지
않는다."

약한 자들이 자신들이 겪는 불행의 모든 책임을 강한 자들에게
돌리는 반면에, 진정으로 강하고 고귀한 자들은 불행의 책임을 자기
자신에게 돌립니다. 그들은 자신의 약함을 탓하며 자신을 강화시키
려고 합니다. 더 나아가 그들은 자신을 위협하는 자들이나 열악한
환경을 자신을 강화하고 고양시킬 수 있는 기회라고 보면서 그것들
에 감사함을 느낍니다.

노예도덕과 그것이 입각하고 있는 기독교적인 사고방식은
2,000년에 걸쳐 서양을 지배하면서 자명한 것으로 간주되어 왔습니
다. 차라투스트라는 진리가 태어나기 위해서는 이러한 도덕과 종교
에 의해서 악한 것으로 치부되었던 것들, 곧 대담한 모험과 기존의
가치들에 대한 오랜 불신과 잔인한 부정이 결집되어야 한다고 말합
니다.

"하나의 진리가 태어나기 위해서는 선한 자들이 악이라고 부르는 모든 것이 모여야 한다. 오오, 나의 형제들이여! 그대들은 이 진리를 낳을 정도로 충분할 만큼 악한가?

대담한 모험, [기존의 가치에 대한] 오랜 불신과 잔인한 부정 그리고 염증, 살아 있는 것을 베어 버리는 것, 이것들이 하나로 모이는 것은 얼마나 드문 일인가! 그러나 이러한 씨로부터 진리는 태어난다. 지금까지의 모든 지식은 나쁜 양심과 함께 자라 왔다. 그대들 인식하는 자들이여! 부숴 버려라! 일체의 낡은 서판을!"·

IV부

웃는 것을!
나에게서 배우라!

" 어떤 사람에 대한 관심이 동정이 아니라 진정한 사랑이 되려면
그가 자신이 처한 고난을 능히 극복할 수 있는
강한 잠재력을 갖고 있다는 사실을 인정해야 합니다 "

가장 추악한 자는
누구인가

　　　　　IV부는 20개의 장으로 이루어져 있으며, 초인은 아니지만 말세인보다는 높은 인간들과 차라투스트라의 만남, 대화 그리고 이들에게 전하는 차라투스트라의 가르침으로 구성되어 있습니다.

　　차라투스트라는 동굴에서 오랜 시간을 보냅니다. 그의 머리는 어느덧 백발이 되었습니다. 어느 날 그는 산 밑에서 울려오는 절규를 듣습니다. 그 절규는 '보다 높은 인간'들이 차라투스트라를 향해서 도움을 요청하는 소리였습니다. '보다 높은 인간'들은 예언자, 두 명의 왕, 거머리 연구에 몰두하는 자, 마술사, 신이 죽자 실직한 교황, 가장 추악한 자, 자진해서 거지가 된 자입니다. '가장 추악한 자'와 '자진해서 거지가 된 자'에 대해서는 약간 상세한 설명이 필요합니다. 따라서 이들 각각에 대해서는 1장과 2장에서 다룰 것입니다. 나머지 '보다 높은 인간'들과 그들 모두에게 차라투스트라가 전하는 가르침은 3장에서 다룰 것입니다.

Ⅱ부에 있는 「동정하는 자들에 대하여」라는 제목의 장에서 차라투스트라는 언젠가 악마가 자신에게 이렇게 말한 일이 있다고 이야기합니다. "신에게도 그의 지옥이 있으니, 그것은 인간에 대한 그의 사랑이다." 그리고 차라투스트라는 악마가 이렇게 말하는 것도 들었습니다. "신은 죽었다. 인간에 대한 동정 때문에 신은 죽었다."

인간에 대한 동정 때문에 신이 죽었다는 말은 무엇을 의미할까요? 실로 기독교의 신은 인간들이 온갖 죄와 악행을 짓는 것을 보고 견딜 수 없어서 그들의 죄를 대신하기 위해서 십자가에 못 박혔습니다. 인간에 대한 동정 때문에 스스로를 못 박은 것이지요. 인간에 대한 신의 사랑이란 인간에 대한 동정이었습니다. 신은 인간을 보면서 그렇게 생각했겠지요. 저들은 자신들의 힘으로 자신을 구제하지 못할 것이다. 저들은 영원한 죄 속에서 살 것이다. 그런 인간들의 모습을 보면서 신은 인간에 깊은 연민을 느낍니다. 하여 신은 자신의

독생자인 예수를 인간 세상에 보내 인간의 죄를 대신 짊어지고 십자
가에 못 박혀 죽게 합니다.

그리스·로마 신화의 제우스에 비하면 기독교의 신은 참으로
동정심으로 많은 신입니다. 제우스는 자신의 행복에만 관심이 있지
인간의 행복에는 아무런 관심이 없는 것처럼 보입니다. 오히려 제
우스는 자신이 마음에 드는 여성이 있으면 거리낌 없이 겁탈하지요.
제우스를 두고 인간을 사랑하는 신이라고 부를 수는 없을 것입니다.

그러나 인간을 끊임없이 동정하는 기독교의 신에서 니체는 무
언가 병적인 냄새를 맡습니다. 신이 인간을 사랑한다고 하지만 사
실은 동정하고 있을 뿐입니다. 그리고 동정은 연약한 존재에 대해
서 우리가 갖는 감정입니다. 기독교의 신은 우리 인간을 의연하게
삶을 꾸려 가지 못하고, 쉽게 상처받고, 상처에 괴로워하는 약한 존
재로 봅니다. 인간은 온갖 악에 빠지기 쉽고 고난에 부딪혀 부서지
기 쉬운 존재라는 것이지요.

인간에 대해서 기독교의 신이 갖는 사랑은 자식이 아무리 성장
해도 어린 자식으로밖에 보지 못하는 일부 부모들의 사랑이나 비슷
합니다. 이런 부모들은 자녀들이 혼자서 독립적으로 잘 살아갈 것
이라고 믿지 못합니다. 설령 자녀들이 죄를 짓고 고통과 고난을 겪

어도 오히려 그것들을 발판으로 더욱 성장해 나간다는 것을 믿지 못합니다. 그리하여 부모들은 자신들이 지을 수도 있는 죄나 자식들이 겪을 수도 있는 고통을 철저하게 제거하려 합니다. 이러한 부모들은 풍족한 재산을 자식들에게 물려주면 자식들은 죄도 짓지 않을 것이고 어떤 고통도 겪지 않을 것이라고 생각하면서 열심히 재물을 모으기도 합니다.

기독교의 신도 인간의 죄를 없애 줌으로써 모든 인간이 죄도 고통도 고난도 없는 천국에서 영원히 살기를 바랍니다. 기독교의 신은 인간이 죄도 고통도 고난도 모르는 존재로 살기를 바라는 것입니다.

인생에서 고난과 고통, 사람들 간의 갈등과 투쟁은 피할 수 없습니다. 그러나 동정심이 많은 인간은 이 모든 것을 부정적인 것으로 보면서 제거되어야 한다고 생각합니다. 이런 사람은 고난과 고통을 겪게 될 때 자신이 불행하다고 생각하면서 한탄합니다. 다른 사람들의 도움을 받으려고 하거나 도움이 없으면 어떻게든 혼자서 극복하려고 하겠지만 줄곧 자신의 신세를 한탄할 것입니다. 이런 사람은 위대한 불행, 위대한 실패가 있을 수 있다는 사실을 인정하지 않습니다. 차라투스트라는 이렇게 말합니다.

"[…] 오늘날 그러한 동정은 모든 소인배에게서는 덕 자체라고 불린다. 위대한 불행, 위대한 추악함, 위대한 실패에 대해서 그들은 아무런 경외심도 갖지 않는다."

어떤 사람에 대한 관심이 동정이 아니라 진정한 사랑이 되려면 그가 자신이 처한 고난을 능히 극복할 수 있는 강한 잠재력을 갖고 있다는 사실을 인정해야 합니다. 그 사람을 대신해서 자신이 십자가를 짊어지겠다는 것은 그가 가진 잠재력을 무시하는 것입니다. 따라서 자존심과 긍지가 있는 사람이라면 남들이 자신에게 던지는 동정의 눈길에 대해서 수치를 느낍니다. 결국 그것은 자신을 무시하는 것이기 때문입니다. 차라투스트라는 이렇게 말합니다.

"신의 동정이건 인간의 동정이건 간에 그것은 수치심에 역행하는 것이다. 도와주려 하지 않는 것이 도와주려고 달려오는 덕보다도 한층 고귀한 것이다."

「가장 추악한 자」에서 차라투스트라는 신의 동정을 견디지 못하고 신을 죽인 가장 추악한 자에 대해서 말하고 있습니다. 그가 신

을 죽인 이유는 신이 그를 항상, 그리고 철저하게 꿰뚫어 보는 것을
견디지 못했기 때문입니다. 신을 살해한 자는 이렇게 말합니다.

"그는 죽을 수밖에 없었다. 그는 모든 것을 보았던 그런 눈
으로 사람의 깊은 속내와 바탕을, 인간의 숨겨진 치욕과 추
악함을 보았다. 그의 연민은 수치를 알지 못했다. 그는 나의
가장 더러운 구석까지 기어들어왔다. 이 가장 호기심 많고
지나치게 치근대고 지나치게 동정하던 자는 죽지 않으면
안 되었다.
그는 언제나 나를 지켜보고 있었다. 이러한 목격자에게 나
는 복수를 하고 싶었다. 아니면 나 자신이 더 이상 살고 싶지
않았다.
모든 것을, 따라서 인간까지도 지켜보던 신, 그 신은 죽어야
만 했다! 인간은 이러한 목격자가 살아 있는 것을 참을 수 없
었다."

기독교에서는 신이 우리를 항상 지켜본다고 말합니다. 니체에
게 신이 항상 우리를 지켜보고 있다는 것은 사실은 끔찍한 일입니

다. 그것은 아마도 미셸 푸코가 말하는 판옵티콘이라는 감옥에 갇혀 있는 것과 유사한 상황이 아닐까요? 판옵티콘에서 죄수는 탑의 맨 꼭대기에 앉아 있는 감시인이 자신의 일거수일투족을 다 지켜보고 있다고 생각하면서 매사에 조심해야 합니다. 그러나 신이 내려다보고 있다면 일거수일투족뿐 아니라 생각 하나하나를 다 조심해야겠지요. 신은 우리의 추악한 모든 것을 다 알고 있기 때문이지요. 물론 신은 그런 우리를 저주하지 않고 동정합니다. '저 불쌍한 놈이 오늘도 저런 추악한 생각을 했구나' 하는 식으로요. 이런 신의 존재를 거북살스럽게 생각하지 않을 사람은 없을 것입니다.

따라서 가장 추악한 자는 신을 살해했습니다. 그러나 그는 신을 진정으로 살해했을까요? 그는 기독교의 신을 믿으면서 동시에 선악이원론에 빠져 있었습니다. 그는 자신의 이기적인 욕망들이나 충동들을 악으로 단죄하고 부끄러워했습니다. 그는 신은 살해했지만 이원론은 여전히 신봉하고 있습니다. 이원론을 진정으로 극복하기 위해서는, 인간의 욕망과 열정이 그렇게 추악한 것이 아니라 창조적이고 생산적인 것이 될 수 있다는 사실을 인정해야만 합니다. 이렇게 자신의 욕망과 열정을 긍정하면서 자기 자신에 대한 긍지를 가질 때에야 비로소 인간은 진정으로 신을 살해할 수 있습니다. 이에 반해 자신을 추악한 존재로 생각하면서 그런 자신을 꿰뚫어 보는 신에 대한 분노에 사로잡혀 신을 살해하는 것은 아직 신을 제대로 살해한 것이 아닙니다.

그러나 차라투스트라는 가장 추악한 자에 대해서 이렇게 평합니다.

"자신을 저 사람보다도 더 깊이 경멸하는 자를 나는 한 번도 만난 적이 없다. 그것조차도 하나의 높은 것이다. 아아, 어쩌면 저 사람이야말로 내가 그 절규를 들었던 보다 높은 인간이 아닐까?

나는 크게 경멸하는 자를 사랑한다. 그런데 인간이란 초극되어야만 하는 어떤 것이다."

가장 추악한 자는 적어도 자신을 경멸하면서 지금의 자기보다는 위대한 존재가 되기를 바랍니다. 이 점에서 차라투스트라는 가장 추악한 자가 자기 자신에 안주해 있는 말세인들보다 높은 인간이라고 봅니다.

위에도 천민!
아래도 천민!

차라투스트라는 말세인들보다 높은 인간들을 찾아나서는 중에 암소들과 대화하는 사람과 마주칩니다. 그는 땅바닥 위에 앉아 암소들에게 자기를 두려워할 필요가 없다고 설교하고 있었습니다. 그는 진실로 평화가 넘치는 인간이었으며, 그의 눈은 선의로 가득 차 있었습니다. 그 사람은 일찍이 거대한 부를 내던지고 자진해서 거지가 된 자였습니다. 그는 자신의 부와 부자들을 부끄럽게 여기면서 가장 가난한 사람들에게 자신의 충만한 마음을 선사하기 위해서 그들에게로 도망쳤습니다. 그러나 그들은 그를 받아들이지 않았고, 이 때문에 그는 암소들을 찾아왔습니다.

차라투스트라는 "올바르게 준다는 것이 올바르게 받는 일보다도 훨씬 어렵다"고 말합니다. 이 말에 동의하면서 자진해서 거지가 된 자는 이렇게 말합니다.

"오늘날에는 모든 비천한 것이 반란을 일으키고 비뚤어지고 자신들의 방식으로, 곧 천민의 방식으로 오만불손하게 되었다.

왜냐하면 그대도 잘 알다시피 거대하고 불길하며 장기간에 걸친 완만한 천민과 노예 반란의 시대가 왔기 때문이다. 이 반란은 나날이 확대되고 있다!

이제 모든 자선이나 작은 희사喜捨는 비천한 자들의 분노를 일으킨다. 따라서 지나치게 부유한 자들은 조심하는 것이 좋다!

오늘날 배가 불룩한 병처럼 너무 가느다란 목으로부터 물방울을 찔끔찔끔 떨어뜨리는 자들, 사람들은 오늘날 이런 병들의 목을 부러뜨리고 싶어 한다.

한없는 탐욕, 분노가 서린 질투, 원한으로 가득 찬 복수심, 천민의 긍지, 이런 것들을 나는 분명하게 목격했다. 가난한

자에게 복이 있다는 것은 이제는 더 이상 진실이 아니다. 천
국은 오히려 암소들에게 있다."

자진해서 거지가 된 자는 재물에 대한 탐욕을 버렸을 때 얻게
되는 마음의 평화와 충만을 가난한 사람들에게 전하려고 했지만 아
무런 소용이 없다는 것을 발견하게 되었습니다. 가난한 사람들은
큰 부를 갈망했고 부자들에 대한 원한과 시기로 가득 차 있었습니
다. 그러면서도 그들은 자신들이야말로 지상에서 가장 학대받는 선
하고 정의로운 자라는 긍지를 갖고 있었습니다.
　자진해서 거지가 된 자는 가난한 자들뿐 아니라 부자들도 환멸
스럽다고 말합니다. 원래 그가 자신의 부를 버리고 자진해서 거지
가 된 것은 부유한 자들에 대한 구토 때문이었습니다. 그는 자신이
부자들에게서 느꼈던 구토에 대해 이렇게 말합니다.

"차가운 눈과 탐욕스러운 마음으로 온갖 쓰레기에서 자신
의 이익을 주워 모으는 부의 죄수들에 대한 구토가 아니었
던가? 하늘을 향해서 악취를 풍기는 이들 천민에 대한 구토
가 아니었던가?

이 도금되고 위장된 천민들에 대한 구토가 아니었던가?"

부자들을 '도금되고 위장된 천민들'이라고 부르는 것은 그들이 화려하게 자신들을 장식하고 있어도 내면은 천민이라는 의미입니다. 자진해서 거지가 된 자는 계속해서 이렇게 말합니다.

"위에도 천민! 아래도 천민! 오늘날 '가난하다'는 것과 '부유하다'는 것에는 무슨 뜻이 있는가! 이런 구별을 나는 잊어버렸다. 그래서 나는 도망쳤다. 멀리, 더 멀리, 그리고 마침내 이 암소들에게로 온 것이다."

'위에도 천민, 아래도 천민'이라는 말은 우리 사회에도 그대로 적용될 수 있는 말이 아닌가 합니다. 부자들은 못 가진 자들을 무시하고 갑질을 하지만, 사회적으로 성공하지 못한 사람들이 성공한 자들에 대해서 갖는 원한과 시기도 대단합니다. 오늘날 우리나라는 단군 이래 최고의 물질적인 풍요를 구가하고 있습니다. 그러나 사람들 사이의 비교의식 내지 시기심이 너무 심해서 누구나 만족하지 못하고 불행해합니다.

자진해서 거지가 된 자는 이렇게 말합니다.

"만약 우리가 개심하여 암소들처럼 되지 못한다면 우리는
천국에 들어가지 못하리라. 우리는 한 가지를 그들에게서
배워야 하느니, 그것은 반추하는 것이다."

여기서 '반추한다'는 것은 자신이 가진 작은 것으로 만족해 하
면서 마음의 평화를 즐기는 것을 의미합니다. 자진해서 거지가 된
자는 예수를 암시한다고 할 수 있습니다. 이는 차라투스트라가 그
를 '산 위의 설교자', 다시 말해 '산상수훈을 한 자', '평화를 사랑하는
자'라고 말하는 데서 알 수 있습니다.

『안티크리스트』에서 니체는 예수를 부처와 동일한 평화운동
가라고 부르면서, 예수의 진정한 가르침과 제도화된 기독교의 가르
침을 구별하고 있습니다. 예수의 진정한 가르침은 '자신을 믿으면
천국에 가고 안 믿으면 지옥에 간다'는 식의 천박한 가르침이 아니
었다는 것입니다. 예수가 말하는 천국은 철저하게 상징적인 의미를
갖습니다. 그것은 우리가 모든 증오와 시기심을 버리고 모든 사람
을 사랑할 때 우리가 갖게 되는 평화롭고 충만한 마음 상태를 상징

합니다.

예수는 자신에 대한 모든 중상모략과 탄압에 대해서 저항하지 않았고 분노하지도 않았으며 자신의 권리를 변호하지도 않았습니다. 그는 자신을 십자가에 못 박는 사람들마저도 증오하지 않고 사랑했습니다. 예수는 "원수를 사랑하라", "왼쪽 뺨을 맞으면 오른쪽 뺨까지 내어 주라"는 자신의 말을 그대로 실천한 사람입니다. 니체는 예수의 진정한 가르침은 특정한 교리 체계가 아니라 이러한 삶의 모습 자체에 있었다고 봅니다.

그렇다고 해서 니체가 예수를 자신이 말하는 초인과 같은 존재로 보는 것은 아닙니다. 니체는 오히려 카이사르나 나폴레옹 같은 사람이 초인과 가깝다고 보았습니다. 앞에서 말했지만 니체는 인간의 명예욕이나 지배욕, 승부욕과 같은 욕망들을 긍정적으로 보았습니다. 이에 반해 예수는 그것들을 부정적으로 보았지요.

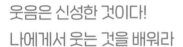

웃음은 신성한 것이다!
나에게서 웃는 것을 배워라

앞에서 말했던 것처럼 '보다 높은 인간'들은 예언자, 두 명의 왕, 거머리 연구에 몰두하는 자, 마술사, 신이 죽자 실직한 교황, 가장 추악한 자, 자진해서 거지가 된 자입니다. 우리는 앞에서 이들 중 '가장 추악한 자'와 '자진해서 거지가 된 자'에 대해서 살펴보았습니다. 여기에서는 나머지 '보다 높은 인간'들과 그들 모두에게 차라투스트라가 전하는 가르침에 대해서 다룰 것입니다.

예언자는 '모든 것은 똑같다. 보람 있는 것은 하나도 없다. 세계는 무의미하다'고 설교하는 크나큰 피로의 예언자입니다. 이 예언자로 니체는 한때 자신이 심취했던 염세주의 철학자 쇼펜하우어를 염두에 두고 있습니다. 이 예언자는 차라투스트라의 영원회귀사상을 부정적으로만 해석합니다. 모든 것은 아무런 의미도 보람도 없이 똑같이 반복될 뿐이라고 해석하는 것입니다. 예언자는 차라투스트라에게 지복의 섬이란 존재하지 않는다고 말합니다. 차라투스트라는 단호하게 지복의 섬은 아직 존재한다고 응수합니다. 차라투스트라는 이 세계는 삶에 지쳐 버린 나약한 인간들에게만 모든 것이 무의미하게 반복되는 것으로 나타난다고 봅니다. 그러나 생명력으로 가득 찬 강한 인간에게는 매 순간이 의미와 아름다움으로 충만해 있습니다.

두 명의 왕들은 사회의 풍습과 자신들이 속하는 상류 사회에 환멸을 느끼고 도망쳐 나온 사람들입니다. 이들은 자칭 귀족이라고 하는 상류층이 사실은 겉만 화려한 천민에 불과하다고 보며, 오히려 우직하고 인내심 강한 농부야말로 오늘날 가장 고귀한 종족이라고 말합니다. 그들은 또한 사회의 풍습도 거짓으로 치장되어 있고 썩어 있다고 말합니다. 어느 누구도 존경할 줄 모르며 또한 존경할 만한 자도 없습니다. 왕들은 자기 자신들에 대해서도 환멸을 느끼고 있다고 말합니다.

"우리들 왕 자신들도 가짜가 되어, 낡고 노랗게 변한 선조들의 화려한 옷과, 가장 어리석은 자들, 가장 교활한 자들 그리고 권력과 결탁하여 폭리를 추구하는 자들을 위한 메달을 걸치고 가장하고 있다는 구역질이 우리를 질식시킨다! 우리는 결코 최고의 인간이 아니다. 그러나 그런 척 꾸미지 않으면 안 된다. 마침내 우리는 이러한 사기에 싫증이 나서 구역질을 하게 되었다."

거머리 연구에 몰두하는 자는 거머리 연구를 위해 늪에 팔을 집어넣고 거머리에 물리는 것도 불사하는 자입니다. 그가 정통해 있는 것은 거머리의 뇌입니다. 그는 '많은 것을 어중간하게 아는 것보다는 아무것도 모르는 편이 나으며, 다른 사람의 의견에 따르는 현인보다는 자기 힘에 의지하는 바보가 낫다'는 신념을 가지고 있습니다. 그는 근거가 분명하게 제시된 것이 아니면 믿으려 하지 않습니다. 그는 모든 어중간한 정신들, 애매모호하고 열광적인 모든 것에 구토를 느낍니다. 정직이란 덕에 극도로 충실한 것입니다. 차라투스트라는 그가 지나칠 정도로 협소하게 한 분야에 빠져 있다고 느끼지만, 그가 안락함만을 추구하는 말세인들보다는 높은 인간이라고 생각합니다.

　마술사는 위대함을 연기하지만 사실은 자신이 위대하지 않다
는 사실을 깨닫고 괴로워하는 자입니다. 여기서 니체는 마술사로
바그너와 같은 예술가를 염두에 두고 있는 것 같습니다. 니체는 바
그너가 자신의 악극을 통해서 위대함을 표현하고 그 자신이 위대한
존재인 것처럼 느끼지만 사실 위대한 존재가 아니라고 비판했습니
다. 그러나 여기 등장하는 마술사는 자신이 위대한 존재가 아니라
는 사실을 깨닫고 자기 자신에 대해서 구토와 환멸을 느낀다는 점에
서 차라투스트라는 이 마술사를 말세인들보다는 높은 인간이라고
봅니다. 차라투스트라는 이렇게 말합니다.

　　"그대가 위대한 것을 추구했다는 것은 명예로운 일이다. 그
　　러나 그것은 또한 그대를 폭로하는 것이기도 하다. 그대는
　　위대하지는 못하다.
　　그대, 못된 늙은 마술사여! 그대가 당신 자신에 대해서 싫증
　　이 나서 '나는 위대하지 못하다'고 말한 것, 그것이야말로 내
　　가 존중하는 그대의 최선의 것, 그대의 가장 정직한 점이다."

위대한 인간이 사라지고 천민이 지배하는 시대에, 마술사처럼 더 이상 위대함을 가장하지 않고 진정으로 위대한 것을 찾아다니는 자는 '보다 높은 인간'입니다.

실직한 교황은 자신이 섬기던 신에 대한 신앙을 잃어버렸지만 여전히 신을 사랑하면서 슬픔에 잠겨 있습니다. 그러나 그는 신이 죽은 후 안락함만을 탐닉하는 말세인보다는 높은 인간입니다.

'보다 높은 인간'들 모두를 향해서 차라투스트라는 이렇게 외칩니다.

"그대들 보다 높은 인간들이여! 신이야말로 그대들의 최대의 위험이었다. 그 신이 무덤에 들어간 다음 그대들은 비로소 부활했다. 지금 비로소 위대한 정오가 왔다. 이제 비로소 보다 높은 인간이 주인이 되는 것이다. […] 그대들 보다 높은 인간들이여! 이제 비로소 인간의 미래의 산이 진통을 시작했다. 신은 죽었다. 이제야말로 우리는 바란다. 초인이 살기를!"

신이 '보다 높은 인간'들에게 최대의 위험이라는 이유는 기독교의 신이 모든 인간은 자신 앞에서 평등하다고 말하기 때문입니다. 실로 천민들은 신의 이 말을 믿으면서 천민보다 높은 인간이 있다는 사실을 부정하고 신 앞에서 모두가 평등하다고 말합니다. 그러나 차라투스트라는 인간들 사이에 등급이 있다고 봅니다. 말세인이라는 천민이 있고, 이들보다 높은 인간이 있으며, 초인이 있습니다.

기독교는 인간들 사이의 이러한 차등을 부정하고 모든 인간은 평등하다고 선언함으로써 인간으로 하여금 자신을 초극하려는 의지를 부정하게 만듭니다. 그러나 신의 죽음과 함께, 인간들 사이에 차등이 존재한다는 사실을 가리는 신의 그림자가 완전히 사라지는 위대한 정오가 시작되었습니다. 이제 인간들 사이에 차등이 존재하며 천민보다 높은 인간들이 있다는 사실이 분명하게 되었습니다. 이런 의미에서 차라투스트라는 신이 죽자 '보다 높은 인간'들이 부활했다고 말하고 있습니다. 차라투스트라는 '보다 높은 인간'들에게 자신들의 고귀함을 깨닫고 평등을 추구할 것이 아니라 초인을 추구하라고 촉구합니다.

아울러 차라투스트라는 학자들을 경계하라고 말합니다. 차라투스트라는 이렇게 말합니다.

"그들은 비생산적이기 때문이다. 그들의 눈은 차갑게 말라 있다. 그들 앞에 나서면 어떠한 새도 털을 뜯기고마는 것이다. 그들은 거짓말을 않는다고 말하면서 뽐내고 있다. 그러나 거짓말을 할 힘이 없다는 것이 그대로 진리에 대한 사랑이라고는 할 수 없다. 이것을 명심하라!

[…] 나는 싸늘한 사람들을 믿지 않는다. 거짓말을 할 수 없는 자는 진리가 무엇인지도 모르는 자이다."

학자들은 흔히 진리를 사랑하고 추구하는 자들로 인정받습니다. 그러나 차라투스트라는 학자들이 사실은 진리를 사랑하지 않는다고 말합니다. 인간은 자신을 초극하여 초인이 되어야 한다는 것이야말로 진리이지만, 학자들은 초인의 이상은 진리와는 아무 상관이 없다고 생각합니다. 그들은 자신들이 지금 당장 눈으로 확인할 수 있는 것들만이 존재하며 그것들을 탐구하는 것만이 진리를 추구하는 것이라고 믿습니다.

그들은 인간에게 창조의 힘과 자기초극의 힘이 존재한다는 것을 믿지 않습니다. 그들은 모든 위대한 것이 인간의 위대한 창조 의지에서 비롯되었다고 생각하지 않고 어떤 환경적인 원인이나 시대적인 원인에서 비롯되었다고 봅니다. 모든 것이 환경과 시대의 산물에 불과한 이상, 그들에게 위대한 것은 존재하지 않습니다. 이런 의미에서 차라투스트라는 학자들 앞에서는 어떤 새도 털이 다 뜯겨 버리고 볼품 없이 돼 버린다고 말하고 있습니다. 학자들은 창조와 초극의 의지가 결여되어 있는 싸늘한 자들입니다. 차라투스트라는 거짓말을 할 수 있는 열정을 결여한 자, 다시 말해서 새로운 가치를 창조할 수 없는 자는 진리가 무엇인지도 모르는 자라고 말합니다.

오늘날 사람들은 인류의 생존이 가장 큰 문제라고 봅니다. 이에 반해 차라투스트라는 이렇게 말합니다.

"나의 첫째가는 유일한 관심사는 초인이지 인간 따위가 아니다. 이웃도 아니고 가장 가난한 자도 아니며 가장 고통받는 자도 아니고 가장 선량한 자도 아니다."

차라투스트라는 '보다 높은 인간'들에게 우울과 슬픔에서 벗어나 지상에서의 삶을 긍정하면서 경쾌하게 웃고 춤추라고 요구합니다. 차라투스트라는 이렇게 말합니다.

"형제들이여, 나는 웃음을 신성한 것이라고 선언했다. 그대들, 보다 높은 인간들이여! 나에게서 배우라! 웃는 것을."

차라투스트라에게 여성과 정치를 묻다

" 귀족은 혈통에 의해서 규정되는 것이 아니라
각 개인이 성취한 정신적 고귀함에 의해서 규정됩니다 "

'여자에게 갈 때는
채찍을 들고 가라'고?

니체의 여성관은 『차라투스트라는 이렇게 말했다』 I부에 있는 「늙은 여자와 젊은 여자에 대하여」라는 제목의 장에서 주로 피력되고 있습니다. 그러나 니체의 여성관은 상당 부분 보수·반동적인 성격을 가지고 있어서 논란의 소지가 많습니다. 니체의 여성관을, 역시 논란의 소지가 많은 니체의 정치철학과 함께 막바지 부분에서 다루는 것은 바로 그 때문입니다.

"여자에게 갈 때는 채찍을 잊지 말라!"는 말은 "신은 죽었다"는 말과 함께 『차라투스트라는 이렇게 말했다』에서 가장 유명한 말일 것입니다. 이 말은 흔히 "여자는 채찍으로 다스릴 필요가 있다"는 말로 해석되어 왔습니다. 따라서 니체의 이 발언은 일찍부터 페미니스트들뿐 아니라 뭇 여성들의 분노를 샀습니다. 사실 『차라투스트라는 이렇게 말했다』에서 반페미니즘적이고 여성비하적인 구절을 찾는 것은 어렵지 않습니다. 차라투스트라는 I부에 있는 「친구에 대하여」라는 제목의 장에서 이렇게 말합니다.

> "여성의 가슴속에는 너무도 오랫동안 노예와 폭군이 숨어 있었다. 따라서 여성은 아직도 우정을 맺을 능력이 없다. 여성은 사랑을 알 뿐이다."

니체가 노예나 폭군과는 친구가 될 수 없다고 말하는 것은, 우정은 서로를 존경하면서 상대로부터 무엇인가를 배우려는 관계에서만 가능하기 때문입니다. 이에 반해 노예는 굴종적이고 폭군은 지배하려고만 할 뿐입니다. 그들은 상대로부터 무엇인가를 배우려 하지 않습니다. 니체는 여성은 사랑만 알 뿐이라고 말하고 있습니다. 그러나 여기서 사랑은 남자를 자신과 동등한 상대로서가 아니라 남자에게 예속되거나 폭군처럼 남자를 지배하려는 형태로 나타납니다. 더 나아가 차라투스트라는 여성의 사랑에 대해서 이렇게 말합니다.

"여성의 사랑 속에는 자신이 사랑하지 않는 모든 것에 대한
불공정함과 맹목성이 존재한다."

여성은 자신이 사랑하지 않는 것들을 부당하게 폄하한다는 것
입니다. 이런 의미에서 차라투스트라는 여자의 사랑은 그것이 아무
리 지적인 것이더라도 객관적이고 냉철하지 못하다고 말하고 있습
니다. 여성은 이성적이라기보다는 감정적이라고 보는 것이지요.

니체의 이런 말들을 고려할 때 우리는 니체가 당대의 많은 남
성과 마찬가지로 여성에 대한 남성중심주의적이고 권위주의적인
시각에서 벗어나지 못했다고 볼 수 있습니다. 니체는 실로 여성이
남성과 동등한 권리를 누려야 한다고 주장했던 당시의 페미니즘 운
동에 대해서 적대적인 입장을 취했습니다. 아무리 니체의 말이라
하더라도, 우리는 남성중심주의, 가부장주의에 찌들어 있는 반동적
인 주장까지 받아들일 필요는 없습니다.

그런데 여성에 대한 니체의 견해는 그렇게 단순하지 않습니다.
니체는 우선 우정을 맺을 능력을 가진 남성들도 극히 소수에 지나지

않는다고 말하고 있습니다. 차라투스트라는 이렇게 말합니다.

"아직도 여성에게는 우정을 맺을 능력이 없다. 그러나 그대
들 남성들이여, 나에게 말해 보라, 그대들 중에 누가 우정을
맺을 능력을 가지고 있는가?"

차라투스트라가 보기에는 대부분의 남성도 노예 아니면 폭군
에 지나지 않습니다. 사실 니체는 여성뿐 아니라 남성도 초인이 될
수 있는 사람은 극소수이고 대다수 남성은 천민이라고 봅니다. 남
성들 대부분에 대한 니체의 평가도 여성에 대한 평가 못지않게 부정
적입니다. 아울러 니체는 몇몇 여성들을 극히 높이 평가했습니다.
이러한 여성들 중에는 바그너의 아내이지만 남몰래 연모했던 코지
마 바그너, 제자였지만 청혼까지 할 정도로 사랑했던 루 살로메, 친
구였던 말비다 폰 마이젠부르크, 나폴레옹의 어머니 등이 있습니다.
　　니체에 따르면 여성과 남성 사이에는 근본적인 차이가 있습니
다. 남자에게는 고유한 남성성이 있고 여성에게는 고유한 여성성이
있다는 것입니다. 니체는 남성성과 여성성의 차이에서 비롯되는 대
립과 긴장이 남녀관계를 생산적인 관계로 만든다고 봅니다.

니체는 여성을 높은 곳에서 길을 잃고 내려온 새에 비유합니다. 여성은 새처럼 '섬세하고, 상처받기 쉬우며, 경이롭고, 달콤하며, 영혼이 넘치는 애완동물'이라는 것입니다. 이 점에서 여성은 남성들의 연민과 보호본능을 일으킵니다. 그러나 다른 한편으로 니체는 여성을 고양이에 비유하고 있습니다. 여성은 남성보다도 더 자연에 가깝고, 맹수와 같은 교활한 유연성을 가지고 있으며, 앙칼짐을 숨기고 있고, 교육이 불가능한 내적인 야성을 가지고 있습니다.

이처럼 여성은 남성들의 존경심과 두려움을 일으키면서 남성들을 은밀하게 지배합니다. 남성에게 여성다운 여성은 연약하면서도 야생적인 생명력을 갖는 경이로운 존재로 보입니다. 이 경우 남성은 여성다운 여성에 대해서 두려움과 연민이라는 황홀한 감정에 빠집니다. 여성이 남성에게 더 이상 이러한 감정을 불러일으키지 않을 때, 남성은 여성에게서 매력을 느낄 수 없게 됩니다.

니체는 여자가 경외할 만한 남자를 원한다고 봅니다. 이에 반해 남자는 자신이 그 안에서 편히 쉴 수 있는 여자를 원합니다. 그러나 여성이 연약한 새와 같다고 해서 여성이 남성에게 쉽게 예속당하고 어떠한 남성에게든 쉽게 위로와 안식을 베푸는 것은 아닙니다. 여성은 고양이처럼 까다롭고 앙칼집니다. 여성은 위로와 안식을 자신이 주고 싶은 남자에게만 줍니다. 이러한 남자는 남자다운 남자이고 여성에게 경외감을 불러일으키는 남자입니다. 여성이 남성에게서 더 이상 남성적인 매력을 느끼지 못할 때 여성은 자신의 위로를 거부하고 남성에게서 달아납니다.

여성이 달아나지 못하게 하기 위해서 남성은 여성으로 하여금 자신에 대해 항상 경외감을 느끼게 해야 합니다. 따라서 "여자에게 갈 때는 채찍을 가지고 가라!"는 말을 우리는 "남성은 자신을 채찍처럼 강인한 존재로 단련하여 여자들의 경외심을 불러일으켜야 한다"는 말로 해석할 수도 있습니다.

니체가 보기에 현대는 여성의 두려움을 불러일으키는 남자다움이 더 이상 중요한 것으로 인정되지도 않고, 육성되지도 않는 시대입니다. 니체는 현대로 올수록 남성들이 유약해져 가면서 남녀 사이의 차이는 갈수록 사라져 가고 있다고 보았습니다. 니체는 이러한 상황에서 여자들이 사회 전면에 나와 남자들과 동등한 권리를 주장하는 것이 당연하다고 봅니다. 그러나 니체는 여성이 자신을 내세우면서 그 내면의 천박한 경향들도 노골적으로 드러나게 되었다고 말합니다. 니체는 『선악의 저편』에서 이렇게 말합니다.

"여성에게는 현학적인 성질, 천박함, 선생티를 내면서 훈계하는 성향, 별 것 아닌 것으로도 오만을 떠는 것, 천박한 방종과 불손함이 너무나 많이 숨어 있다. 어린애들을 그녀가 어떻게 상대하는가를 한 번 연구해 보라! 이러한 것은 이제까지는 근본적으로 남성에 대한 **두려움**으로 인해 억제되고 제어되어 왔다."

"여자에게 갈 때는 채찍을 가지고 가라!"는 말은 위의 인용문을 고려할 때 '여자에게 존재하는 천박한 경향들을 다스리라'는 의미로 해석할 수 있습니다. 그러나 니체는 이렇게 천박한 경향을 다스리기 위해서는 무엇보다도 남자들 자신이 여자가 경외할 만한 남자가 되어야 한다고 말합니다. 이를 위해서는 먼저 남자 자신이 나약한 자기 자신을 스스로를 초극하여 '남자다운 남자'가 되어야 하겠지요.

니체는 오늘날 여성은 남성에 대해서 가장 확실한 승리를 거둘 수 있는 여성 특유의 무기를 스스로 버리고 있다고 봅니다. 이러한 무기로 니체는 '섬세하면서도 교활한 겸손함'을 들고 있습니다. 여성은 '섬세하면서도 교활한 겸손함'으로 남성에게 위로와 안식을 주면서 실질적으로 남성을 지배합니다. 그러나 오늘날 여성은 이러한 무기를 스스로 포기하면서 남성에 대한 실질적인 영향력과 지배력을 잃고 있습니다.

여성에게 남성과 동등한 권리를 부여하는 것을 거부하는 니체의 여성관은 기본적으로 시대착오적인 남성중심주의적 성격을 갖고 있습니다. 또한 여성과 남성의 차이에 대한 니체의 생각 역시 가부장주의적인 냄새를 풍기고 있습니다. 노예제가 지배하던 시대에 플라톤이나 아리스토텔레스가 노예제를 긍정했던 것처럼, 니체의 여성관 역시 시대적인 한계에 크게 구속되어 있는 점이 있습니다.

오늘날 페미니즘에서는 남성과 여성 사이의 본질적인 차이는 없고 모든 차이는 가부장적인 사회가 만들어 낸 허구에 불과할 뿐이라는 견해가 지배하고 있습니다. 저 역시 여성과 남성 사이의 차이보다는 여성 개개인들이나 남성 개개인들 사이의 성격 차이가 더 크다는 생각을 하곤 합니다. 세심한 남성이 있는가 하면, 대범한 남성도 있지요. 마찬가지로 세심한 여성도 있는 반면, 대범한 여성도 있습니다.

그렇다고 해서 남성과 여성 사이에 사회적으로 규정된 차이 이외에 아무런 차이가 없다고 할 수 있을지는 잘 모르겠습니다. 인간은 사회적인 조건에 의해서 규정을 받지만 생물학적인 조건에 의해서도 규정을 받는 존재이기 때문입니다. 이 점에서 남성과 여성의 차이에 대한 니체의 사상을 일고의 가치도 없는 것으로 치부해 버릴 것이 아니라 한 번쯤 진지하게 생각해 보면 어떨까 합니다.

새로운 귀족을
기다리며

차라투스트라는 지금까지 초인은 한 명도 없었다고 말합니다. 왜 그렇게 말하는 것일까요? 이는 인간의 자기초극은 한계가 없기 때문일 것입니다. 차라투스트라는 III부의 「낡은 서판과 새로운 서판」 14절에서 이렇게 말합니다.

"가장 훌륭한 자에게도 구토를 일으키는 게 있다. 가장 훌륭한 자조차도 초극되어야만 하는 그 무엇인 것이다!"

차라투스트라는 「쾌유하고 있는 자에 대하여」 2절에서는 심지어 이렇게까지 말합니다.

"언젠가 나는 위대한 사람과 왜소한 사람이 맨몸으로 있는
것을 보았다. 그들은 서로 너무나 닮아 있었다. 가장 위대한
자조차도 아직은 너무나 인간적이었다!
가장 위대한 인간도 너무나 작았다!"

물론 니체는 초인의 길을 걷는 소수의 고귀한 인간들이 있다고
생각했습니다. 그리고 니체는 이러한 소수의 고귀한 인간들이 다수
의 저열한 인간들을 지배해야 한다고 생각했습니다. 니체는 단호하
게 민주주의를 배격하고 귀족주의를 제창합니다. 민주주의는 하향
평준화를 초래한다는 것입니다. 이에 반해 소수의 고귀한 인간들이
지배할 때는 사람들은 고귀한 인간들을 본받으려고 할 것이기 때문
에 사람들의 전체적인 고양이 일어나리라고 니체는 보았습니다. 차
라투스트라는 「낡은 서판과 새로운 서판」 11절과 12절에서 이렇게
말합니다.

"오오, 나의 형제들이여! 모든 천민과 폭군의 적수이자 새

로운 서판 위에 '고귀하다'라는 말을 새롭게 써 넣는 새로
운 귀족이 필요하다."

"미래를 낳는 자, 미래를 기르는 자, 미래의 씨를 뿌리는 자
가 되어라.
물론 그것은 장사치처럼 돈으로 살 수 있는 작위가 아니다.
왜냐하면 가격이 있는 모든 것은 가치가 없기 때문이다.
앞으로는 그대들이 어디서 왔느냐가 아니라 어디로 가고
있느냐를 그대의 영예로 삼아라! 그대들 스스로를 초월하
려는 그대들의 의지와 발 ― 이것을 그대들의 새로운 영예
로 삼아라! 정녕, 그대들이 어떤 왕을 섬겼다는 것은 영예가
되지 않는다. 지금 왕이 무슨 소용이 있겠는가!"

니체의 귀족주의를 우리는 어떻게 봐야 할까요? 니체에게서 귀
족은 혈통에 의해서 규정되는 것이 아니라 각 개인이 성취한 정신적
고귀함에 의해서 규정됩니다. 따라서 우리는 니체의 귀족주의를 정
신적 귀족주의라고 부를 수 있습니다. 이러한 정신적 귀족주의자로
서의 니체의 면모는 니체의 누이동생인 엘리자베트의 다음과 같은

회고에서도 잘 드러나고 있습니다.

"오빠의 가르침의 대부분은 나에게 자신을 지배하는 것을 가르치는 것이었다. 고통, 슬픔, 불쾌한 기분을 얼굴에 미소를 지으며 말을 거칠게 하지 않고 조용히 참는 것이었다. 오빠는 '리베트[누이동생의 애칭], 자기 자신을 지배할 수 있는 자는 타인을 지배할 수 있다'고 말하곤 했다. 나중에 나는 고통스러운 상황에 처하게 될 때마다 항상 오빠의 말을 떠올렸다. 진실에 대해서도 오빠는 큰 비중을 두었다. '우리 두 사람은 결코 거짓말을 해서는 안 된다. 거짓말 하는 것은 폴란드 귀족가문의 후손인 우리에게는 어울리지 않기 때문이다. 다른 사람들은 얼마든지 거짓말을 해도 좋다. 그러나 우리 두 사람은 오직 진실할 뿐이다'라는 것이 나에 대한 오빠의 교육방침이었다."

니체는 최고의 인간들이 지배자가 되어야 한다고 봅니다. 이와 함께 니체는 지상의 권력자들이 최고의 인물들이 아니라는 것이 인간의 가장 큰 불행이라고 말합니다. 권력자들이 최하의 인간이며 오히려 짐승에 가까운 경우에, 천민은 자신들이야말로 진정으로 고귀한 인간이라 착각하게 됩니다. 그러면서 거리낌 없이 천민의 덕을 고귀한 덕으로 선포하게 됩니다.

그러나 이 책을 읽으시는 분들 중에서 소수의 탁월한 귀족이 다수의 열등한 대중을 지배해야 한다는 귀족주의에 찬성하시는 분들은 없으리라고 생각합니다. 저 역시 민주주의자이며, 정치사상으로서의 귀족주의는 반대합니다. 민주주의가 자칫 중우정치와 하향평준화를 초래할 수 있다는 니체의 주장이 일정 부분 타당성을 가지고 있다는 것은 인정합니다. 그러나 우리 인류는 오랜 기간 귀족주의의 폐해를 질리도록 경험했습니다. 전권을 장악하고 있는 소수가 만에 하나라도 타락하여 무도한 정치를 행할 때에는, 혁명 이외에는 그들의 지배를 종식시킬 수 없게 됩니다. 그리고 이러한 혁명에는 극심한 사회적 혼란과 사람들 사이의 증오와 투쟁 그리고 심한 경우에는 대규모의 학살이 수반되는 경향이 있습니다.

아울러 우리는 근대민주주의가 이룩한 성과를 무시할 수 없습니다. 근대민주주의는 그것이 자유민주주의든 사회주의든 불평등의 제거를 위해서 진력해 왔습니다. 평등을 위해서 자유를 희생하는 것도 불사한 사회주의 사회뿐 아니라 자유민주주의 사회 역시 평등의 실현을 위해서 노력해 왔습니다. 자유민주주의 사회는 노동자와 여성, 실업자의 권리, 성소수자의 권리까지 인정하면서 한때는 자기 체제 밖으로 소외시켰던 집단들을 갈수록 안으로 수용하고 있습니다.

평등의 이러한 확산을 니체는 잘나가는 소수에 대한 대중의 원한과 시기심에서 비롯된 것으로 봅니다. 분명히 그런 측면도 있을 것입니다. 그러나 평등의 확산은 사실은 자본주의 사회에서 보이는 심각하고 불공정한 빈부격차와 부과 권력의 대물림에 대한 정당한 저항에서 비롯된 것으로 볼 수 있습니다.

차라투스트라는 '위에도 천민, 아래도 천민'이라는 '자진해서 거지가 된 자'의 말에 동의했을 것입니다. 차라투스트라는 상층계급과 하층계급 모두가 현대문명의 타락에 똑같이 책임이 있는 것으로 이야기했습니다. 그러나 부와 권력을 더 많이 쥐고 있는 상층계급에 더 많은 책임이 돌아가야 하는 것은 아닐까요? 니체 자신도 프랑스 혁명의 원인을 귀족에 대한 대중의 원한에서 찾기도 했지만, 다른 한편으로는 귀족계급 스스로가 타락하면서 대중의 존경을 잃어버린 데서 찾기도 했습니다.

저는 근대민주주의가 거둔 성과는 소중한 것이라고 생각합니다. 그러나 근대민주주의가 보다 수준 높고 건강한 민주주의가 되기 위해서는 니체가 말하는 고귀한 인간의 이념도 수용해야 합니다. 근대민주주의가 건강하게 운영되기 위해서는 구성원들이 니체가 말하는 고귀한 덕들을 구현해야 합니다. 그러한 덕들로 우리는 다음과 같은 것들을 들 수 있습니다.

① 자신을 지배하는 자제력
② 어떤 특정한 관점에 사로잡히지 않고 다양한 관점에서 볼 수 있는 자유로운 정신
③ 국가나 타인들의 도움에 의존하지 않고 스스로에게 의지하려는 독립자존의 정신
④ 자신보다 우월한 자들을 시기하지 않고 그 우월함을 솔직하게 인정하면서 배우려는 정신
⑤ 경쟁을 해도 최소한 자신과 대등한 자나 이왕이면 자신보다 뛰어난 자를 상대하려는 패기 있는 정신
⑥ 자신이 속한 공동체에 대해서 책임을 지려는 정신

Also sprach Zarathustra

마치며

　니체는 25세라는 믿기지 않는 나이에 교수가 되었습니다. 그러나 니체의 삶은 우리가 부러워할 만한 삶은 아니었습니다. 니체는 줄곧 병마에 시달렸습니다. 결혼을 하고 싶었지만 그러지 못했습니다. 제자이자 자신이 사랑했던 여인인 루 살로메에게 청혼을 했지만 단칼에 거절당했습니다. 더욱 불행한 것은 니체가 아무리 좋은 책을 써도 세상은 무관심했다는 사실입니다. 거의 아무도 읽지 않았고 책을 읽은 사람들조차 니체를 제대로 이해하지 못했습니다. 이 때문에 저는 니체를 생각하면, 홀로 사색에 잠겨 있는 고독한 사나이의 모습을 떠올리게 됩니다.

니체는 발광한 후부터 유명해지기 시작하더니 순식간에 유럽을 사로잡았습니다. 물론 니체는 자신이 유명해졌다는 사실도 몰랐습니다. 그러나 그러한 사실을 알았더라도 자신의 사상이 오해되고 오용되는 것을 보았더라면 무척이나 씁쓸해했을 것 같습니다. 니체만큼 다양하게 해석되고 이용된 사상가는 없을 것입니다. 나치즘이라는 극우사상에서부터 시작하여 무정부주의라는 극좌사상에 이르기까지 거의 모든 사상적 조류가 니체를 자기편으로 끌어들였습니다. 니체는 발광하기 전에 이미 자신의 사상이 다른 사상들과 유사하거나 동일한 사상으로 간주되는 사태를 목격했습니다. 따라서 니체는 『이 사람을 보라』에서 이렇게 외치고 있습니다.

"내 말에 귀를 기울이라! 왜냐하면 나는 나이기 때문이다. 무엇보다도 나를 [다른 철학자들과] 혼동하지 말라!"

특히 나치 치하에서 니체는 나치즘의 원조로 추앙받았습니다. 히틀러를 비롯한 나치 엘리트들은 자신들이야말로 니체가 말하는 초인이라고 자처했으며, 니체가 말하는 귀족주의 정치를 자신들이 구현하고 있다고 생각했습니다. 그리고 초인을 계획적으로 육성한다는 니체의 사상을 순수한 아리아인종의 피를 가진 남녀들을 계획적으로 결합시킴으로써 실현하고 있다고 생각했습니다.

그러나 니체만큼 나치즘과 거리가 먼 사상가도 없을 것입니다. 나치즘은 독일 민족주의와 독일 국수주의를 표방했지만, 니체는 모든 종류의 민족주의나 국수주의 그리고 인종주의를 배격했습니다. 니체는 독일 문화보다도 프랑스 문화가 더 우월하다고 보았으며, 독일인과 유태인의 혼혈을 권장하기도 했습니다. 니체가 목표하는 것은 어떤 특정한 민족이나 국가의 융성이 아닙니다. 민족주의나 국수주의 그리고 인종주의는 어떤 인간이 특정 집단에 소속되어 있다는 바로 그 이유로 인해 다른 인간들보다 우월하다고 주장합니다. 이에 반해 니체는 어떤 인간의 탁월성은 그 인간이 얼마나 고귀한 정신을 구현하고 있느냐에 의해서 규정된다고 봅니다.

이 책을 끝내기 전에 『차라투스트라는 이렇게 말했다』에서 니체가 말하고 싶었던 것을 간략하게 정리하면서 니체의 사상이 갖는 의의를 살펴보고자 합니다. 『차라투스트라는 이렇게 말했다』에서 니체는 신의 죽음을 선포하면서 전통적인 종교와 형이상학을 파괴하고 있습니다. 초인사상을 통해서 우리가 장차 구현해야 할 인간상을 제시하고 있고, 힘에의 의지 사상을 통해서는 인간을 포함한 모든 사물을 규정하는 존재의 원리를 드러내고 있습니다. 그리고 영원회귀사상을 통해서는 끊임없이 생성 소멸하는 세계를 흔쾌하게 긍정하는 자에게 드러나는 세계의 풍요롭고 충만한 실상을 밝히고 있습니다.

니체가 파괴하려고 했던 전통적인 종교와 형이상학은 이원론적 성격을 가지고 있습니다. 이원론은 인간을 육체와 영혼으로 구성된 것으로 보면서 육체는 유한하고 무상한 것으로 보는 반면에 영혼은 무한하고 영원한 것으로 봅니다.

물론 영혼과 육체의 대립구도, 그리고 영혼이 속하는 장소인 영원한 피안과 육체가 속하는 장소인 변화무상한 차안이라는 대립구도는, 근대에 들어와서는 사람들을 사로잡는 힘을 크게 상실했습니다. 그 대신에 근대에는 새로운 이원론이 나타나게 됩니다. 피안이라는 천상의 세계 대신에 공산주의와 같이 미래에 구현될 유토피아와, 고통과 소외로 가득 찬 현재의 세계 사이의 대립이 나타난 것입니다. 아울러 영혼과 육체 사이의 대립 대신에 진정한 자아로서의 집단정신과 거짓된 자아로서의 이기적인 정신 사이의 대립이 나타납니다.

사람들은 진정한 자아를 민족이나 민중 혹은 프롤레타리아의 고귀한 집단정신에서 찾으며 구체적인 개개인은 그러한 정신을 실현하기 위해서 자신을 바쳐야 한다고 봅니다. 그리고 이러한 집단정신이 진정으로 실현되는 장소가 미래의 유토피아이기에, 현재의 삶은 유토피아로 가기 위한 과도적인 의미밖에 갖지 못한다고 봅니다. 따라서 근대의 새로운 이원론에서 개개인의 삶과 죽음은 어디까지나 집단정신을 실현하고 유토피아를 구현하는 데 기여하는 것으로서만 의미를 갖습니다.

사람들은 민족이나 프롤레타리아와 같은 특정한 계급 혹은 그러한 집단의 순수한 정신을 가장 잘 구현했다고 평가되는 히틀러나 스탈린과 같은 사람들을 신적인 존재자로 추앙합니다. 그리고 그들에게 자신의 삶을 바침으로써 자신의 유한성에서 벗어나려고 합니다. 이러한 특정한 집단이나 지도자들은 보편적이고 영원한 가치를 구현한 자들로 인정받기 때문에, 이들을 위해서 자신을 헌신하는 사람들은 자신의 유한성을 극복하고 무한성과 영원성을 얻는다고 느낍니다. 이는 이원론적인 종교를 믿는 사람들이 신의 대리자를 자처하는 교황이나 성직자들의 말에 무조건적으로 복종하고 그들에게 헌신했던 것과 다를 바 없습니다.

서양의 중세 시대에는 신의 이름으로 수많은 사람이 단죄되었고 신의 계율을 제대로 지키지 못하는 자신을 학대하면서 죄책감에 시달렸습니다. 이러한 상황은 외관만 바뀐 채 근대에서도 계속됩니다. 근대에도 보편적인 인류와 민중, 민족 혹은 미래에 실현될 위대한 유토피아 등의 이름으로 수많은 사람이 단죄되고 살해되며 자신을 학대하고 죄책감에 시달립니다.

근대인들은 서양의 중세인들처럼 종교적인 믿음에 의해서 피안에 도달하려는 것이 아니라, 정치적인 혁명과 폭력을 통해서 피안을 현세에 실현하려고 합니다. 이때 이상사회의 실현에 장애가 되는 인간들에 대한 억압과 학살 그리고 이상사회의 실현에 걸림돌이 되는 인간 개개인들의 성향에 대한 단죄는 불가피하게 됩니다.

니체 철학은 신, 보편적인 인류, 민족, 민중 등과 같은 허구적이고 추상적인 관념들에 의해서 사람들이 지배당하는 상태를 극복하면서 인간 개개인들로 하여금 건강하고 발랄한 삶을 영위할 수 있게 하는 것을 목표합니다. 니체는 인간 개개인들이 이렇게 건강한 삶을 누리기 위해서는 무엇보다도 강해져야 한다고 봅니다. 허구적이고 추상적인 관념들에 의존하지 않고서도 스스로의 힘으로 자신의 인생을 영위할 수 있을 정도로 강해져야 한다는 것입니다.

이렇게 강한 자는 기쁨과 즐거움뿐 아니라 고난과 고통, 투쟁과 갈등이 함께 존재하는 이 세계도 있는 그대로 긍정합니다. 그는 이 세계가 영원히 반복되더라도 좋다고 생각할 정도로 이 세계를 긍정합니다. 그는 천상의 피안세계나 공산주의와 같은 유토피아로 도피하지 않습니다. 그는 불리한 우연을 자신이 성장하고 강화될 수 있는 계기로 전환합니다. "그를 죽이지 않는 것은 그를 더욱 강하게 만듭니다." 이렇게 강한 사람만이 인생을 춤추듯 경쾌하게 아이처럼 살아갈 수 있습니다.

이런 사람은 인간이 구현해야 할 가치들이 영원불변하게 이미 주어져 있다고 생각하지 않습니다. 그는 모든 가치는 그것이 인간을 얼마나 건강하게 만들 수 있느냐에 따라서 평가되어야 한다고 생각합니다. 인간을 병적으로 만드는 가치는 가차 없이 폐기되어야 하고 인간을 건강하게 만드는 가치가 창조되어야만 합니다.

니체는 자신의 철학을 통해서 2,500년간의 서구문명을 파괴하면서 새로운 시대와 세계를 여는 문화혁명의 기폭제가 되고자 했습니다. 이 점에서 우리는 니체야말로 서양의 역사상 그 어떠한 인간보다도 가장 야심에 찬 인간이었다고 말할 수 있을 것입니다.

파괴자이자 창조자로서 니체의 이러한 면모 때문에 20세기에 이름을 떨친 철학자들뿐 아니라 많은 신학자와 심리학자 그리고 예술가가 니체의 사상에 매료되었습니다. 니체는 20세기 이후의 철학과 신학 그리고 심리학과 같은 학문들의 지형도를 크게 바꿔 놓았습니다.

니체의 사상은 독일의 대표적인 실존철학자들인 카를 야스퍼스와 마르틴 하이데거, 프랑스의 사르트르와 알베르 카뮈, 자크 데리다, 미셸 푸코, 질 들뢰즈 등에 지대한 영향을 끼쳤습니다. 최근에는 특히 니체의 사상을 계승한다고 자처했던 푸코와 데리다, 들뢰즈 등 프랑스 철학자들의 사상이 세계적인 각광을 받게 되면서 전 세계적으로 니체 열풍이 불고 있습니다. 니체는 기독교를 부정했음에도 불구하고 폴 틸리히 같은 신학자에게도 큰 영감으로 작용했으며, 프로이트, 아들러, 카를 융과 같은 심리학자들도 니체에게서 많은 통찰을 얻었습니다. 문학가들 중에서는 D. H. 로렌스, 버나드 쇼, 제임스 조이스, 예이츠, 토마스 만, 헤르만 헤세, 릴케, 슈테판 게오르게, 앙드레 말로, 앙드레 지드 등에게 영감의 원천이 되었습니다.

긴 글 끝까지 읽어 주셔서 감사합니다.